重庆南开两江中学　科普教育系列

慧逐

创意结构设计
——建模与制作

CHUANGYI JIEGOU SHEJI
JIANMO YU ZHIZUO

李南兰 / 总主编
田　震　黄　亮 / 主编
徐子奥　严　璐 / 编著

图书在版编目（CIP）数据

创意结构设计：建模与制作 / 李南兰总主编；田震，黄亮主编. — 重庆：重庆出版社，2022.12
（慧逐）
ISBN 978-7-229-17244-2

Ⅰ.①创… Ⅱ.①李…②田…③黄… Ⅲ.①手工课－中学－教学参考资料 Ⅳ.①G634.955.3

中国版本图书馆CIP数据核字(2022)第242236号

慧逐
HUIZHU
创意结构设计——建模与制作
CHUANGYI JIEGOU SHEJI —— JIANMO YU ZHIZUO
李南兰 / 总主编　田　震　黄　亮 / 主编　徐子奥　严　璐 / 编著

责任编辑：张　跃
责任校对：何建云
装帧设计：肖　琴

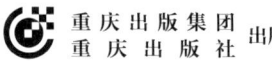
重庆出版集团
重庆出版社 出版

重庆市南岸区南滨路162号1幢　邮政编码：400061　http://www.cqph.com
重庆高迪彩色印刷有限公司　印刷
重庆出版集团图书发行有限公司　发行
E-mail：fxchu@cqph.com　邮购电话：023-61520646
全国新华书店经销

开本：889mm×1194mm　1/16　印张：5.25　字数：76千
2023年4月第1版　2023年4月第1次印刷
ISBN 978-7-229-17244-2
定价：68.00元（全两册）

如有印装问题，请向本集团图书发行有限公司调换：023-61520678

版权所有　侵权必究

前　言

改变正在悄然发生

几年前的一次物理课上，讲到摩擦，我问道：有谁见过轴承？

50多位同学，只有三位举手。是的，三个，我永远不会记错。

小时候，我在一所国营厂子弟校念书。同伴们都会央求父母捡回机器上更换下来的废旧轴承。用木板当骨架，做成有转向功能的滑车，找个斜坡自上而下地放坡，乐此不疲，每天玩得大汗淋漓。别人正着来，我倒着滑。别人的车出了故障，我给修，报酬就是给我想要的"轴承"。时间不长，我就攒出来一辆带刹车功能的滑车。那相当于滑车中的"法拉利"，我成了家属区里"最靓的仔"，我把轴承拆开，取出里面的弹珠，拿钢锯条把内外圈锯成想要的样子。后来学习滚动和滑动，脑子里物理模型的建立有如泉涌。

工作后学车，太忙了，根本没时间练习。科目二我只练习了两天半，赶在考试过期前去应考，结果一把满分。师父吃惊得手里的烟掉在了地上。我夸师父点拨得法。其实我知道，这路感是小时候倒玩滑车练出来的童子功。可见"从娃娃抓起"是多么重要！

如今，绝大多数的孩子们，已经没有机会接触到如此底层的零件级别的制作场景了。或被各种补习班裹挟，或者是被琳琅满目的套件所包围。宛如笼中之鸟，吃住精美、安全、细腻，可唯独少了自由驰骋的乐趣与探索发现的美妙！

这是个复杂且沉重的问题，孩子们无辜，教师们无奈，学校无措……

时代变了！

有些东西依然如故

新校区的好友邀请我去开一门课。对象是中学生。以动手操作为主，作为学校科技创新与综合实践活动的一个构成要素，在条件允许的基础上，给学生们尽可能多的体验与选择。

常言道：爱美之心人皆有之，恻隐之心人皆有之。

这说明，有些东西，是超越了阶层和种族的，并且也不会随着时代的变迁而消弭，只是，我们应该换一种方式去承接它，去促进它。

创意之心，人皆有之。探索之心，人皆有之。人总会冒出各种想法，并跃跃欲试，这是一种珍贵的品质。

永远在探索中前进

很难说，这样的方式是不是有利于学生今后的发展。同样，我没有办法对这样的方式做系统、全面且长久的跟踪调查。丰富学生们的视野、通过课程来发掘自己的兴趣、点燃学习的兴趣也是一个宏大的课题。我心有余而力不足。我所能做的就是不断地去发现、我所做的就是去总结。用积极的心态去面对当下的某些问题，小心地做一些尝试。把一些感悟记录下来。在几年的教学实践中，学生们热情高涨，专注且认真，对每个制作项目都充满了兴趣。于是就沿着这个方向去探索一个适合这个年龄段的课程。

出于自己的认知，捣鼓出来的东西。我希望拿出来，得到更多人们的审视。好比是一种思想上的"众筹"。

基于这种"一厢情愿的、理想化的热情"，我愉快地写下了以上这些。

2021 年 4 月于南开中学

目录 CONTENTS

一　我们需要准备哪些材料和工具？ ··· 1

二　做一个姓名牌 ·· 7

三　完成一个八角徽 ·· 15

四　神奇的火箭灯 ·· 22

五　从一个四棱台开始 ·· 25

六　把你的姓名牌画出来 ··· 35

七　做个立体五角星吧 ·· 39

八　两种常见的桁架 ··· 50

九　开始设计家具 ·· 54

十　试着让家具更加智能 ··· 56

十一　我们来布置房间吧 ··· 66

十二　做个小木屋 ·· 69

一　我们需要准备哪些材料和工具？

图中展示了一些常用的工具。它们都不贵，结构简单，易于维护。最好在网上购买，这样可以方便地选到自己喜欢的款式、型号和颜色。

我们选取了其中使用频率最高的几种。它们掌握起来相对容易，一般来说不会给自己带来太大的伤害。

6寸手工锯，这里的寸是指英寸（1inch=25.4mm），这个锯子在使用前一定要把锯钮拧紧。用手拧不要用钳子。拧前一定要记得检查锯条的齿应该是朝着远离握把的方向，俗称"往前戳"，如果安装反了，使用起来就会感觉怪怪的，不好掌握。它的锯弓有方形的也有圆形的，图中是方形锯弓。

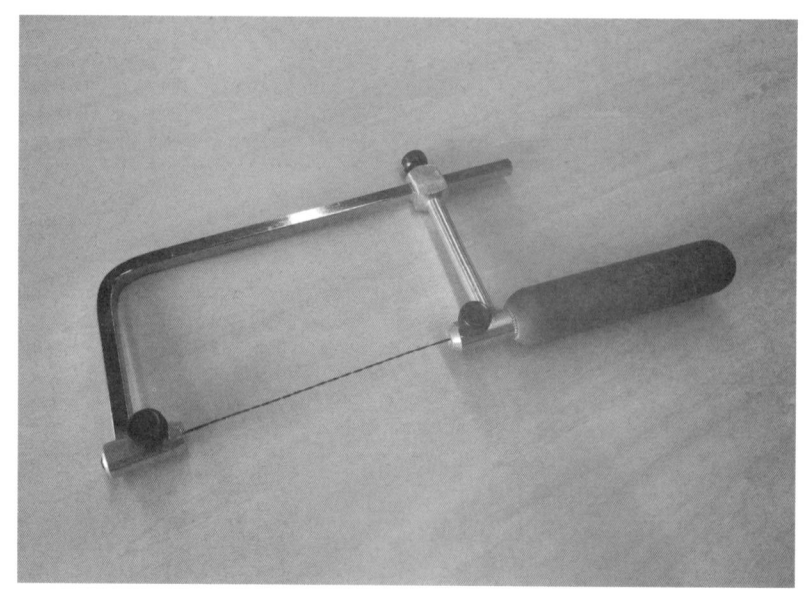

手工拉花锯也叫曲线锯、钢丝锯。它的锯条是一条很细的钢丝，钢丝有粗有细，钢丝上螺旋分布着很多齿。在锯切时，钢丝能很容易地走出各种曲线，回转半径也可以取得很小。所以便于我们锯切各种曲线边。锯条在安装的时候要注意朝向。要让齿对着握把方向，这一点和手工锯恰恰相反。

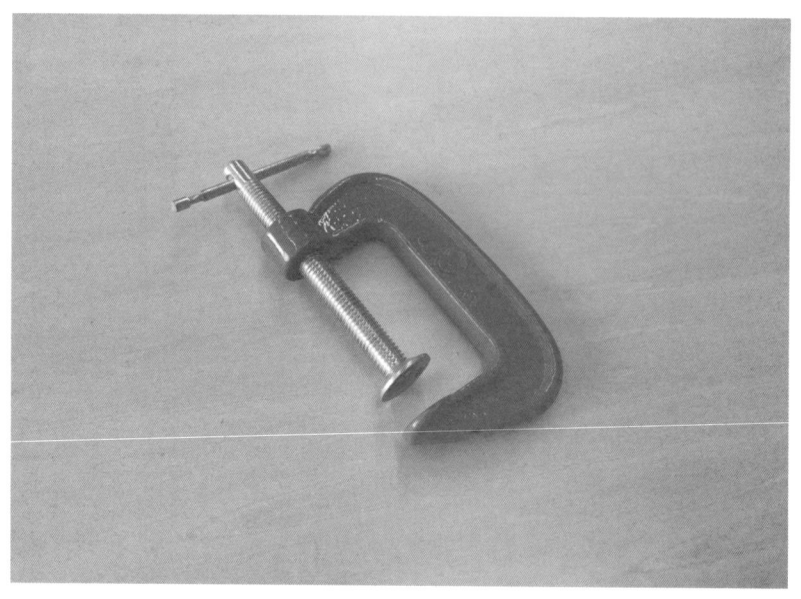

G 字夹。这是用来把木板或者其他材料固定在桌面的工具。从侧面看上去像一个英文字母 G。它是一种辅助工具，我们叫它夹具或者治具，有大有小，我们常用的这种为 3 寸的。大的有 5 寸、8 寸等。越大越沉，喉深也就大，可张合的距离也越大，可以加持更大更厚的材料。材料被夹住后，就能解放我们的双手。便于我们更好地拿握工具，提高操作的精度和安全性。这样的夹具有许多种，常见的还有 A 字夹、F 夹、快速夹等。根据用途和场合选择就可以了。

一 我们需要准备哪些材料和工具？

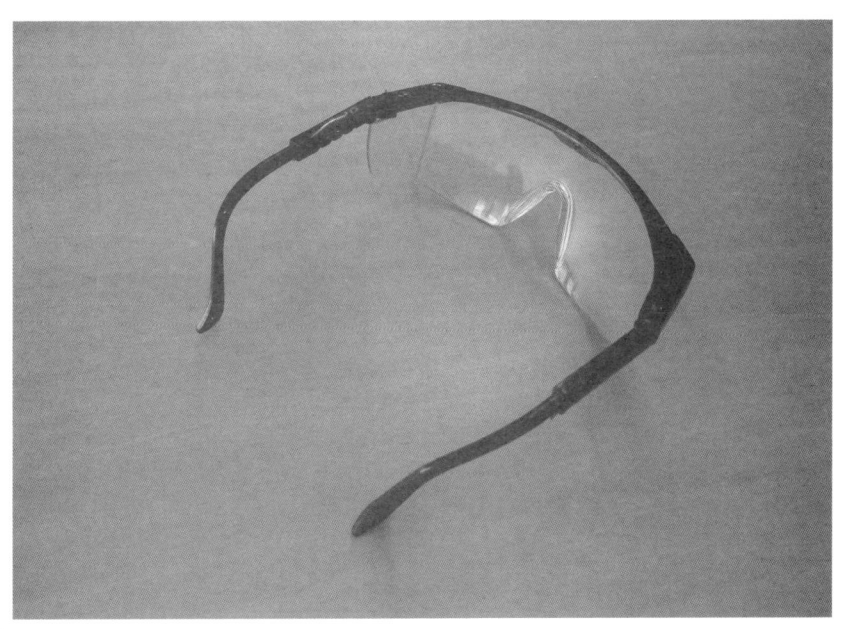

护目镜。顾名思义，这是保护我们眼睛的重要防护设备。它是完全透明的，即使你本身就已经佩戴了眼镜，也可以把它戴上。因为它的抗冲击能力达到了工业级别的要求。在操作过程中，木屑、金属屑、火花、灰尘、腐蚀性液体等飞溅而来的时候它能很好地起到阻挡的作用。常用的护目镜有两种，一种如图，还有一种像潜水泳镜，保护的范围要大一些。还有更大的，防护面罩。能把整个头颈部分防护起来。

热熔胶枪。胶枪是制作时用于快速黏结的工具。一般分为两种型号，大的 60W 左右，使用大号的胶棒。小号的 40W、20W 左右，使用的胶棒稍细一些。胶棒的种类也比较多，颜色、质地各不相

- 3 -

同。我们尽可能选用柔软富有弹性的。胶枪工作时要通电，这一点要十分注意：使用过程中千万不要让导线的绝缘外皮触碰到金属枪头。使用完成后，养成第一时间拔掉插头的好习惯。千万不要嫌麻烦且觉得不以为然。勤断电，能避免很多隐患。另外，在使用过程中，最好找一块薄木板垫在桌面，放置胶枪时，让枪头在木板上，这样能提示我们枪头的位置防止被烫伤。也可以防止融化的胶体污染桌面。

乳白胶也比较常用，文具店里都有出售。用于手工卡纸、木材的黏结非常好。只是固化时间太长，初凝需要10多个小时，达到最大强度需要约24小时。长时间的等待，不便于课堂活动。如果协调好实做安排，就非常好了。以木材的黏结为例，理想情况下，除非破坏材料自身，黏结面是"坚不可摧"的。

这些工具分为两大类：一类是截断类，就是把材料分割开。一类是连接类，就是把部件连接起来。其余的大多可以归于辅助类。其实在制作过程中你会慢慢体会到一句诙谐的俗语："多了截，少了接，不行还能卖废铁！"

一开始，完全没有必要追求工具的齐全和高档。随着制作技艺的积累与提高。可以根据制作项目再来逐步添加。那时候你也就知道自己需要什么了。

当然，在我们今后的项目中，还会用到一些其他工具。我们会逐一介绍。工具也可以自己设计和制作，安全、适用为基本原则。

除此之外，最重要的就是安全防护装备。

护目镜，绝对不可减省！注意这里我想再次强调！绝不可减省！是的，也许夏天佩戴时会很热！冬天容易起雾，会和眼镜相互推挤，甚至戴上后会不那么漂亮，觉得不好看、难为情、其他同学会笑话我、麻烦、不舒服……好的，你有一万个不佩戴护目镜的理由！那么请你告诉我，所有的理由加起来能和眼睛的健康相比吗？

很多时候，碎屑和工具的飞溅，就在一瞬间内发生。我们完全没有预料的可能，更是无法闪躲。所以，为了保证制作过程中眼部的安全，必须全程正确佩戴护目镜。

我们所用的材料以木质为主。木板以3mm厚的多层板为主，俗称三夹板、夹板、层板（不同的地域称谓不同），需要说明的是，这样的板材质地较为均匀，不容易扭转、翘曲。但是该板材的质量差异十分巨大。厚度差不多，可最终拿到手后的质感有云泥之别。这里我建议，最好购买桦木板，网购时少量购入，多尝试，直到选到合适的种类。国内完整板材的出厂尺寸为1200mm×4200mm，我们根本不需要这样大的尺寸，可以让商家替我们开料，裁切成300mm×600mm规格便于取放。

木条，我们选用桐木。有的地方也叫"巴沙尔"木。它非常轻盈，很多人拿来用作建筑沙盘和航模。别看它似乎弱不禁风，可以用手轻易地掰断，但是只要结合得当，便能够承受住惊人的冲击！所以用于我们的制作足够坚韧。

生活中，我们如果遇到了废弃的包装盒、卡纸等也可以适当的留下一些备用。

关于电动工具。从教学实际的反馈来看，我不太推荐。因为，这类器械功率都很大。握持时需要一定的力量。使用时也需要更多的经验。很容易就会造成严重的伤害事故！

我承认，在理想情况下，电动工具的加工效率要高出不少。但是维护起来需要更多的精力和时间。综合来看，不见得就一定更快。现在，有一种"迷你小机床"很多学校都配备了。它利用12V开关电源供电，利用175直流电机作为动力，核心模块只有拳头大小。可以组装成微型车床、锯床、磨床、铣床、台钻等。相对来说，这一类产品的危险性就要小一些，但是安装和调试也需要足够的耐心。如果确实很想尝试，条件也允许的话，可以体验一下。但是一定要注意安全，认真仔细全面地熟读说明书，并且观看示范视频。不蛮干，使用前按要求装配调试。使用时会别有一番感受。只要保养维护得当，掌握要领后，加工的速度还是相当可观的。这种微型机床在使用前最好能具备一定的维护和修理经验。不然随时会出现各种故障从而拖慢制作进度。

在一些十分小众的制作领域或者精密机械的维修领域也出现了一些比上述微型机床稍大一些的小机床。它们介于工业级和教学级之间。制作精良，价格昂贵。需要使用者有近乎专业的知识和技能储备。虽然我们的课程暂时还不会用到，但是我觉得，读者们如有兴趣也可以了解一下。这样可以知道更多的加工手段，开阔眼界。比如德国PROXXON系列机床，为很多DIY爱好者所推崇等。

不论哪种工具，都要养成良好的使用习惯。用后规整，不要胡乱摆放，用前检查、用后清点。这个习惯一定要养成。它不仅可以大大提高我们做事的效率，也能培养我们的细心专注的品质，让我们变得不浮躁。良好的习惯可以保证工具处于最佳状态及时排查各种松动、错位等隐患，避免很多伤害事故的发生。

另外，我们在设计时会用到计算机。普通的台式机、笔记本就可以了。只要是家里能正常使用的都能胜任。我们用到的软件如今绝大多数电脑都能轻松运行。对性能和配置没有特殊要求。随着技术的发展，很多设计软件可以在手机上运行了。这也是当前的一种现状。你看很多设计软件的教材几乎都离不开手机扫码观看三维动态的图像了。考虑到现在的实际情况，我们暂时只使用计算机。

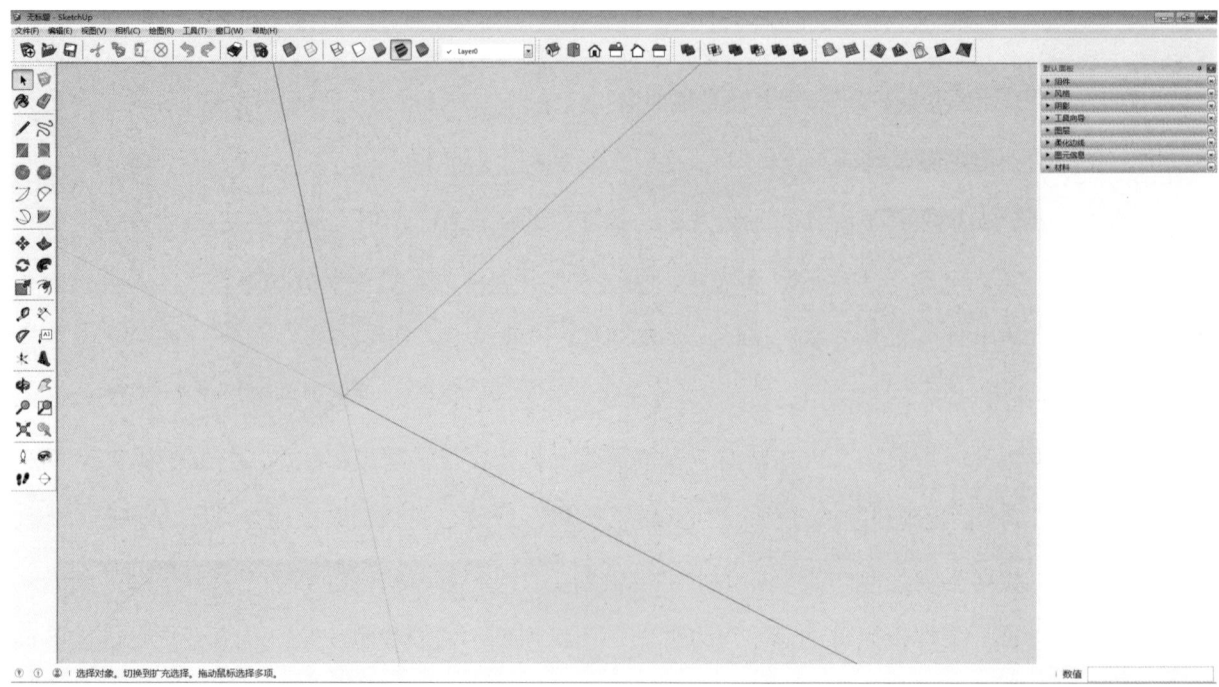

我们用到的软件叫 SketchUp，中文译名叫"草图大师"。这是一款很有名气的专业建模软件，在建筑设计、园林景观、室内设计、家具设计等领域常用。它命令少、操作方便，并且有着十分丰富的素材资源和插件资源。别看它体量不大，但是运用得当的话，能做出令人惊叹的作品。如果只是用于简单的形态设计与表达，入门也非常容易。同时我也想提示大家，要用好这个软件，也需要开动脑筋，进行足够的摸索和练习。

除却这些，还有很多没有详尽。我们会在每一章的讲述中慢慢谈到。

二　做一个姓名牌

有了这些基本工具，我们就可以做很多东西。

首先，我们用木板来制作一个"姓名牌"，就是把我们姓名的拼音首字母用木板做出来。第一步我们要用铅笔在木板表面打出底稿，无论字母是大写还是小写，我们要确保不要有笔画的丢失。其次要通过设计巧妙地把字母连起来。字母的笔画不要太细，太细很容易就会折断，也不便于进一步加工和美化。我们用 120mm×200mm 大小的薄木板。字母尽量铺满整个木板，不要设计得过小。底稿尽可能靠近木板的边缘，这样我们就可以减少锯割的难度。

好的，底稿打好了，就可以开始锯切了。这里可以用手工锯，也可以用钢丝锯。如果你的设计稿中曲线部分比较多就用后者。基本上我们都会遇到这样的情况：就是需要在某个区域挖去一块。比如字母 B 中间需要挖去两个独立的区域，字母的笔画还不能断开。这时，我们可以在需要挖去的部分上用电钻（微型机床中的钻床）打出一些小孔，孔的直径只要大于钢丝的粗细就可以了。接着把钢丝锯的一端拆卸下来，将钢丝从打好的孔洞里穿出来。把钢丝上好拧紧，便可以锯了。锯完后再把钢丝取出就可以了。这个方式相当于进行了镂空操作。如果我们换用更大一号的钢丝锯，就可以镂空更大尺寸的木板了，但原理不变。

在锯的过程中，需要将木板用 G 字夹固定在桌檐，并随时调整。钢丝锯的锯条要和木板保持垂直。以拉为主，推为辅。频率不要太快。行程布满整个锯条。这样可以让钢丝受热均匀不至于局部过于疲劳而断裂。

第一次锯，肯定会觉得别扭，这很正常。工具的使用本来就需要摸索、学习和适应。经过不断的调整和改变，慢慢就会得心应手从而轻松起来。

创意结构设计——建模与制作

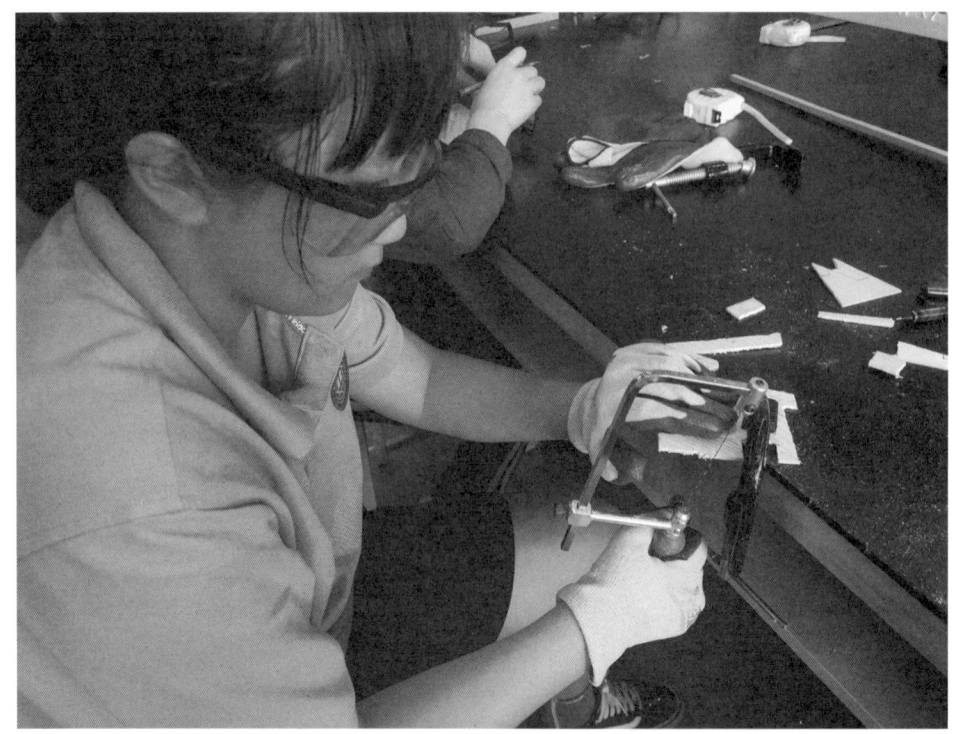

并且，在第一次锯切的过程中，不是钢丝断裂就是松脱，或者锯路跑偏，效率低下。这些会让我们觉得懊恼！这也是正常的。工具在使用中要注意随时调整和维护。我们要有这个意识。目前我们用到的手动工具还比较简单，调节过程也不复杂。但这个环节却不能少。任何工具我们在使用前都要调节到最合适的状态，这样才能发挥最大的效能。精密和复杂的电动工具看似效率极高，但同时，它们维护和调整过程将会更复杂繁琐更加费时费力。综合来看，还是手动工具的使用相对便捷一些。

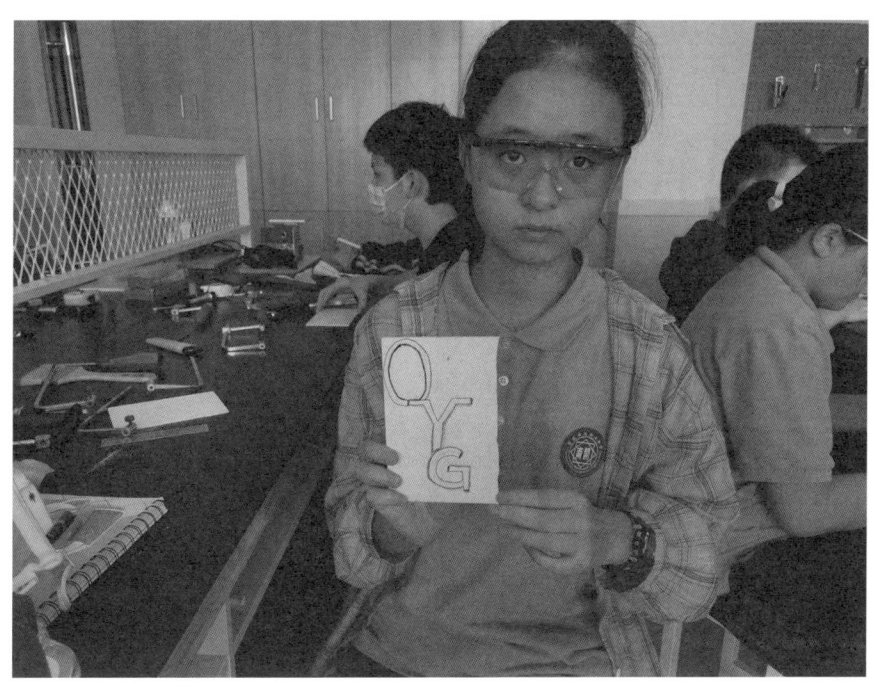

经过一段时间的制作，你会萌生这样的念头：要是有……就好了。

这是一个古老的话题。工具永远都是不够用的，永远都是不太好用的，永远都会钟情于新式样的神器。是的，不断推出的新式工具确实大大方便了我们的制作，过去很多棘手的问题，如今看来易如反掌，这就是工具进化带来的巨变。可是我想说的是，工具只是一种辅助，我们的思考和想法才是最核心最宝贵的。我不太建议你成为一名"工具党"，过于沉迷于新式工具的引入和收藏。同样，我也不希望你成为一名过于守旧，对新事物抱有天然的不屑和排斥。我所希望的是：工具不会成为阻碍你表达和创造的障碍。

虽然说"磨刀不误砍柴工"，但是"人笨怪刀笨"就更不好了。

有了这个名牌，我们可以试着做类似的东西。比方说：你在木板上写下一个数字2，然后把它

锯切下来。木板上就出现了一个镂空的数字轮廓。我们把这块木板压在墙壁上,拿着喷漆罐对它喷涂。当我们拿走木板后,墙壁上就出现了一个和轮廓完全相同的数字 2。说到这里,大家一定会想到更多的应用了。

生活中,许多地方的喷涂模板就是这个原理。请看,这是不久前学校操场维修时,喷涂跑道时用过的数字模板。

请仔细观察,数字 0 中间部分和边缘轮廓的连接处理方式。可以想象一下,喷涂后对应字迹的特点。

当然,被我们锯切下来的那一块,不就是一个立体文字吗?实际生活中,路边的很多灯箱广告牌,就是这样做出来的。只不过用的材料不同,大多是用激光切割机"锯切"出来。文字的背后安装上光源。其结构和原理没有多少不同。

可能你会觉得这个姓名牌做得不够精致,手绘字需要一定的美术功底。很多时候自己想得到但是画不出来。有什么好的办法吗?这里可以推荐一种解决方案:那就是用电脑打字或者用你熟悉的软件画出轮廓,然后打印在白纸上,将打印好的字样紧密地贴在木板表面。等干透后再沿着轮廓仔细的锯切。同样,我们甚至可以用手机随手拍下你喜欢的字体(海报、广告牌、标识等)打印出来后再粘贴。

以上是从设计的角度来解决。但问题是,即便设计得已经很完美了,最终锯切的时候边缘还是不够顺滑,哪怕是用砂纸打磨后还是不太满意,怎么办呢?这就涉及加工方式的问题了。如果,你的学校里有激光切割机(如果没有,也可以去街边的广告制作店去打听一下)可以借助它来切割,这基本上是民用领域内的终极解决方案了。有利即有弊。如果想这样做,你必须先掌握必要的绘图知识,按着机器的要求勾画出相应格式的图形。这里因篇幅所限,不能详细讲述。但是我们可以来看看切割的效果。

下面这个组合件就是用激光切割出来的效果:一个拼接式小狗笔筒。怎么样?是不是严丝合缝。精度与光滑度基本上可以比肩市售产品了。

如果你惊叹于作品的精细度,对这样的方式十分感兴趣,并且你们学校也配备了激光切割机(向学校负责科技活动的教师或者通用技术教师咨询)有强烈的尝试欲望。可以试着按下列方式分步进行:试着学习绘图软件 AutoCAD,一般简称 CAD,它是一款十分有名的工程设计类的绘图软件。它历史十分悠久,在工业领域久负盛名,网络上有关它的介绍、讲解、资料相当丰富。

这个软件基本上算是平面作图领域的"王者"与"鼻祖",当然了它也可以用于三维作图。如果只是简单的绘制平面图形,学习起来也不是特别困难。尤其是最新的版本,界面十分友好,功能强大。简单些说,你中学阶段所涉及的任何几何、代数等与作图有关的知识,它几乎全部涵盖。它就像一套精密的绘图工具,能让你绘制出几乎所有的平面图形。这里说的全都是非常主观和感性的结论。如果有机会,我强烈建议你可以试一试。

这里我们来看一看小狗笔筒的制作过程。

首先，我们在网上搜索出一张合适的照片。这张照片要尽可能展示小狗的侧面，需要边界清晰，不要有透视感。就是侧面的正视视角，并且分辨率越大越好。你也可以用扫描仪去扫描自己喜欢的照片或者给你自己的宠物狗拍一张单一颜色背景的侧身相。总之想办法获得一张侧面的图片。这里我们搜索到了一张金毛犬的图片。

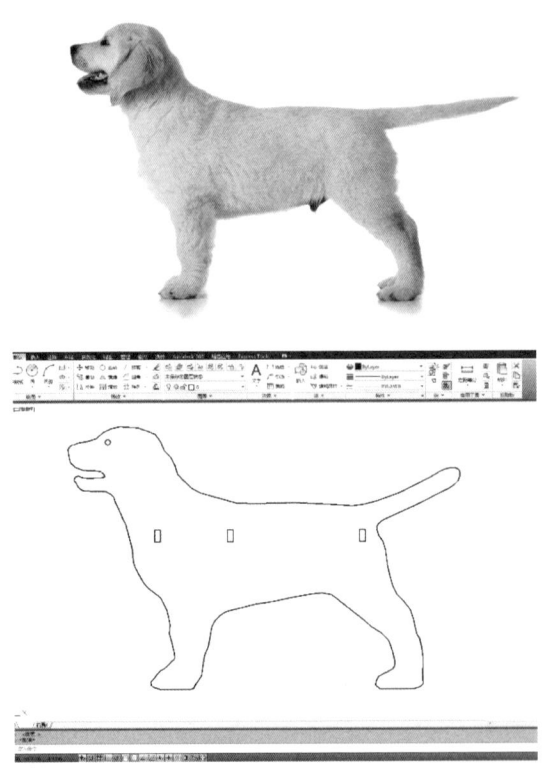

然后把图片导入进CAD，作为我们绘图的底稿。在CAD中调用直线、圆弧、样条曲线等绘图工具。对导入的图片进行描边。这个过程需要足够的耐心和细致的手法。所提取的点越多，结果就越是细腻。有不清楚的地方，可以交替参考多张照片。只需要尽可能真实地还原外观轮廓。使用前可把这几张图片的比例调成一致。

绘图完毕后就可以拷贝进激光切割机进行切割。我们用5mm厚的多层板作为材料。如果板材不够大也没有关系，可以铺平了放在一起，在分界线上做一个蝴蝶结状的连接件（类似蝴蝶榫）。切割后再按照图纸拼装就可。A、B是两块有待拼接的木板，C是起连接作用的蝴蝶形板件。

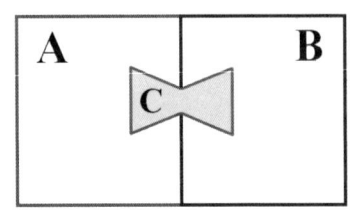

全部板件备齐后，就开始组装。

依次在榫眼和榫头上涂抹适量白乳胶（乳白胶、木工胶）。起到加固作用。放在阴凉处。24小时后就可以进行打磨和修形。用砂纸和美工刀除去毛刺，作品就完成了！

细心的朋友会发现，描边时我们调整了尾巴的角度。这是为了便于挂取钥匙环和办公小物品。

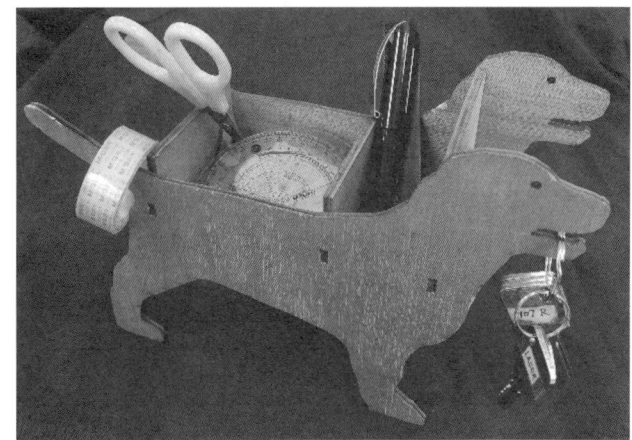

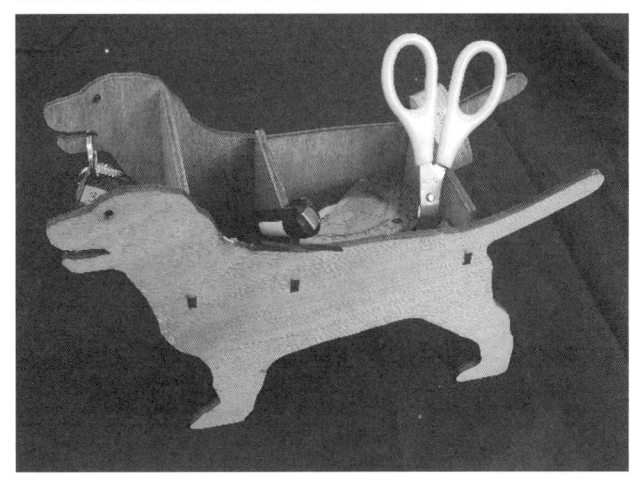

你可以不用掌握，但是你必须知道，有这样一种方式存在。有一天，当你有这样的需求，你可

以试着去尝试。当然，如果你能自己绘图，也可以在网上发给电商，他们会按照你的要求用指定的材料切割好了后快递给你。这样的服务目前已十分成熟了，也非常容易查找。哪怕你完全不会设计，也没有足够的时间来学习绘图软件，也没有关系，你可以把你的需求和想法告诉商家，由专业的工程师来负责处理。这也是一种解决方案。随着我们制作的项目越来越复杂，你可以试着用这种"外包"模式来处理问题，而你自己就好比是甲方的总工或者项目总监。

那么，当你做完了姓名牌后，能不能试着做个汉字姓名牌呢？

三　完成一个八角徽

上一章中，我们制作结构的材料是 3mm 厚的"片状"薄木板。这里，我们再来引入一种新材料。它的横截面尺寸相对于长度来说小了很多，一般当长度大于横截尺寸 4 倍以上时，工程上我们把这样的部件称之为"杆件"。看上去，就好比是一根"杆儿"。当然，这是从形态的角度来看。这样的杆儿既可以是塑料也可以是木材或者金属等。

为了便于制作，我们采用了 8mm×8mm 的桐木条。它质地均匀，密度小，强度高。价格适中，容易购买。在这一节中，我们也可以把废弃的草稿纸湿透后抹上糨糊，搓成相近直径的"纸杆儿"备用。

南开学校的校徽主体是一个八角形。我们可以将其看作是两个互成 45°的正方形，这就出现了一些小问题：交接部分怎么处理呢？这里交接部分分为两类，一类是顶角部位，二类是搭接部位。我们分头讨论。

顶角部分是一个 90°的直角结构。

最简单的处理方式就是将两个杆件直接用热熔胶黏合起来。但是这样做黏结面积太小，强度也不佳。当外界受到一定的扭转作用时，很容易就松脱和变形。我们可以换一种方式，将每个杆件的头部都切去一个相同尺寸的正方形，厚度为材料厚度的一半。这样在黏合时，不仅增加了面积还在不同面上产生了咬合作用，结构抵抗外力作用的能力提高了。并且这样的方式相对加工难度也不大。

制作时，我们可以将接头部位重叠在一起，用笔或者是小刀以一根杆件为尺，在对面勾画标线。

然后将其中一根先行锯切。将两者同时放在水平台面上，在没有锯切的杆件上勾画侧面的标线。画好后锯切。这样两根杆件就能做到"严丝合缝"。

在使用热熔胶黏结时，一定要注意用量！不需要涂抹太多，该接头处只需要"半颗黄豆"大小的胶滴就可以了。施胶后，立即黏结，用手指轻压接头并固定。两三秒后即可松开。使用中，因为温度等因素，胶体会有拉丝现象，一般不必在意。胶水在接缝处如遇挤压而溢出也不必处理，等整体结构完成后，用美工刀割去多余的胶体即可。

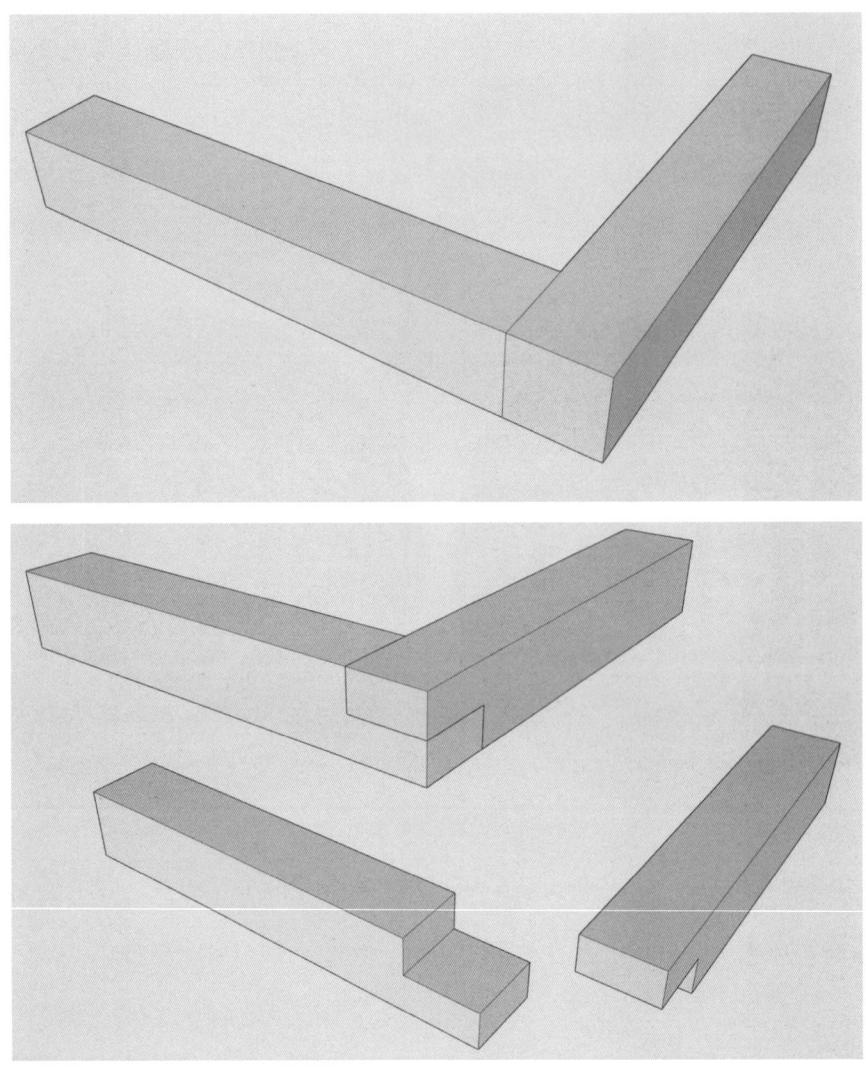

在保证足够的胶接面积和美观的前提下。如果你有足够的耐心和时间，也可以挑战一下这样的接合方式。俗称"碰角"，接合处外观是两个45°拼合而成的90°角，这样的接合方式典雅精致不呆板，在生活中我们处处都能看到类似的场景比如相框、镜框、房屋顶部的石膏线，墙体下部的踢脚线、家具的转角处等。当然，制作前要请先考虑下各部位的尺寸和角度，如何画线是关键。锯切的时候一定要注意锯缝和线条之间的关系。哪些部分是不要的，哪些是需要保留的。这种方式有一定的难度，但是我相信，你一定可以理解。

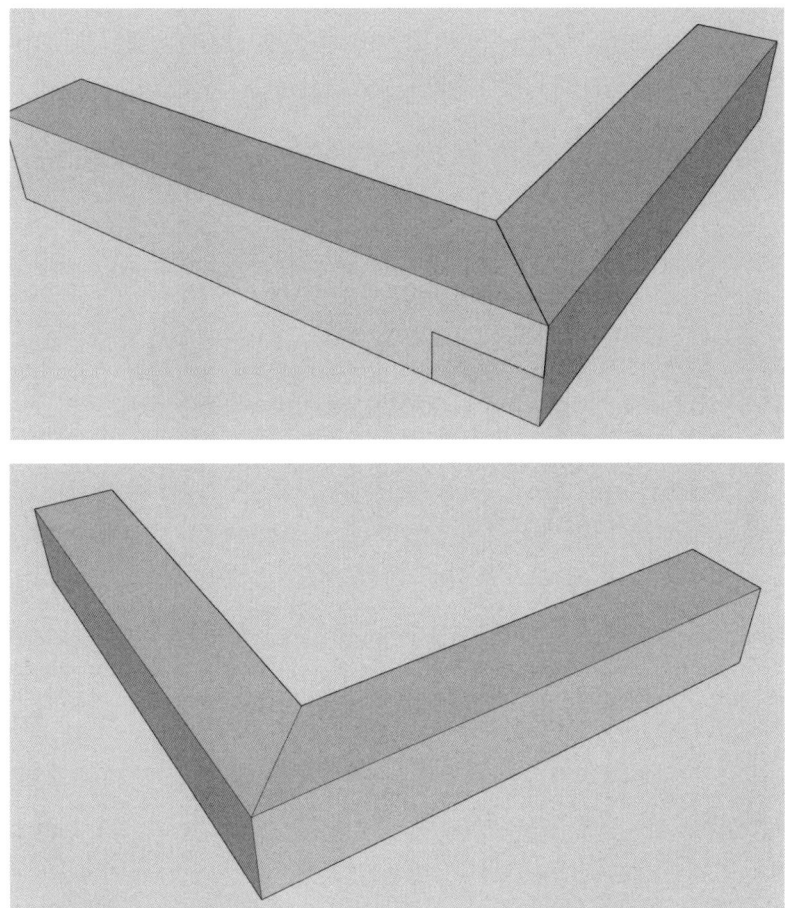

制作的时候，需要在杆件上勾画45°角，可以借助三角尺、木工角尺、圆规，也可以使用模型垫。不需要的部分用铅笔打上叉，做好标记，标记要简单醒目。杆件画线一定要养成六面画线的习惯。这是一个三维部件，和木板不同，薄木板在厚度方向上已经不需要再加工，只是两面画线即可。所以从制作难度上和设计上看，三维部件的处理要更复杂一些。

如果我们想进一步增大接合强度，可以在保证碰角的前提下，作出优化。

如果想进一步提高接合部位的强度，可以仿照直角榫的方式来处理。在一侧的杆件处做出凸起（榫头），在另一侧做出相应的凹槽（榫眼）。注意尺寸，接合时不要出现劈裂。如果处理得当，使用乳白胶。那么这样做的结果将是十分牢固的。胶水固化后，接头处的强度会超过材料自身的强度。你会发现，即使暴力破坏，杆件损毁，但是连接处依旧完好。

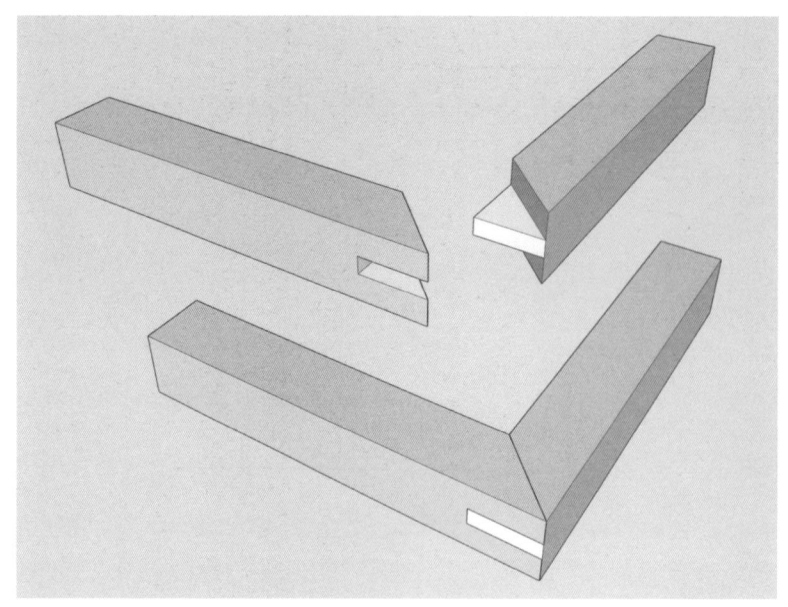

当然，我们也有折中和讨巧的办法来制作。这样会多多少少牺牲一点强度和美观。请看下图。它是在前述方式的基础上，将边角处锯切出一个3mm厚的口，然后把小木块涂抹胶水后塞入压牢实。固化后把伸出的部分用美工刀削去。这种方式在制作过程中能提高效率，节约时间。

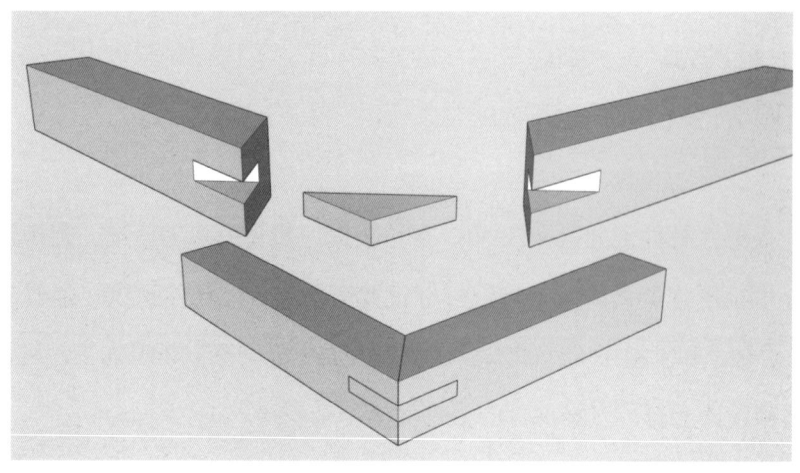

再来看搭接部分。

杆件交叉的部位可以将材料按角度摆放后用笔画线，按照画线将其中一根断开，然后黏结。

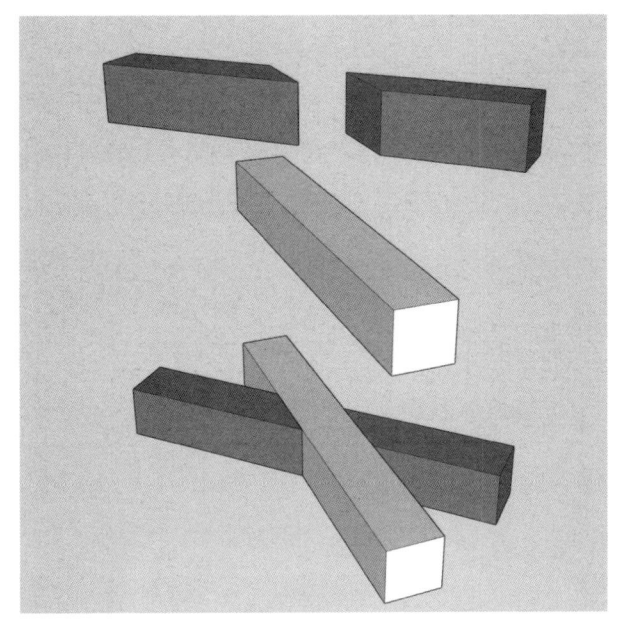

也可以在两根杆件上分别开口,然后扣在一起。这样做对画线的要求更高,而且在锯切的时候一定要靠近两线内侧,不然开口大了,扣住时相互都无法咬合。如果处理得当,完全可以不用胶水,甚至连接头处也可以简化处理,只靠搭接部分就能支撑整个结构件。

第一种搭接方法比较简单。面与面黏结。在锯切之前,一定要把线画好。最好是把杆件摆放好了以后依次标记。标记顺序,标记面的朝向。然后再比照着黄色杆件的边在红色杆件上画线。但是要注意,热熔胶层也会占用一定的厚度。所以黏结后慢慢就会发现先前的尺寸和实际有出入,这个时候就要及时修正,不然最终成型后就会出现扭曲。

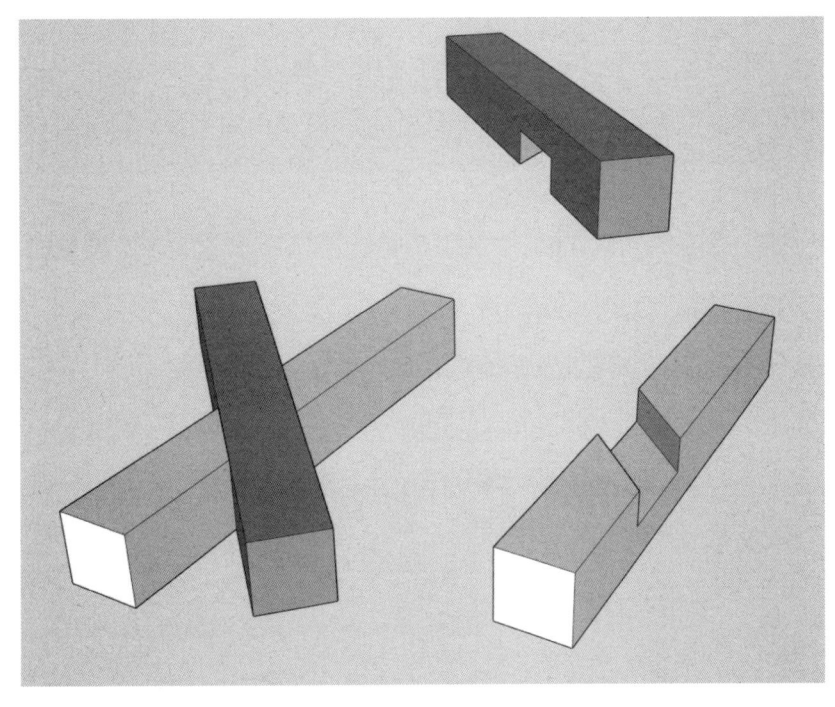

第二种方法要复杂得多，但是只要加工得当，杆件之间可以相互"咬住"对方。并且杆件没有被截断，线性度也要好很多，最终也要美观不少。这种做法，杆件的上下关系要通盘考虑。最好是间隔排列。这样在组装的时候就要方便许多。视觉感官上也不会显得错乱。在锯切之前也一定要提前画线。把需要去除的部分打上叉以免混淆。然后用美工刀先按线画出一道浅口。目的是把材料表层的木纤维切断。最终让缺口部分的边缘更加齐整。

来看看做好后的效果吧！

如果制作6个一模一样的八角徽，将它们的顶角黏结起来，就会成为一个漂亮的立体校徽结构了。你可以试着在框架内部黏结上半透明的玻璃纸。画上自己喜欢的彩绘，把它挂起来，就会成为一个独特的摆件。也可以开动脑筋做深度开发和改进。

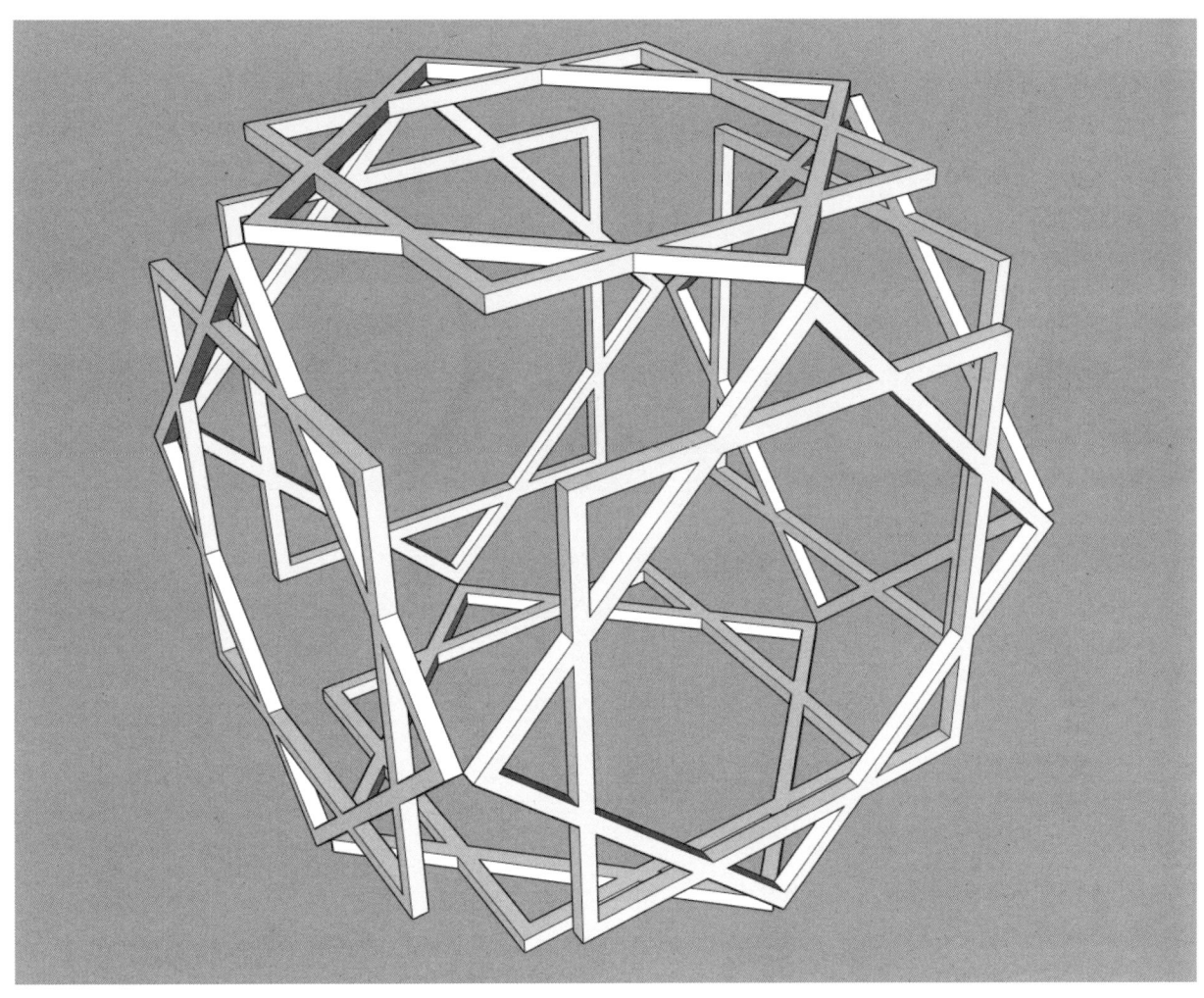

至于校徽上的汉字与英文字母，我想前一章的方法就可以制作出来了。换用不同的材料，配以发光二极管（LED）等，就可以设计出很多炫酷的效果了。这就留给你自己去想象和发挥吧！

制作完成后，你可以用制作中用到的思路和方法进行一定的迁移。比如制作一个相框等。如果就把这个八角徽当作特色相框也是蛮不错的。当你毕业后，一个有着母校标识并且由自己构思设计并亲手制作的相框会十分珍贵和特别！请相信，这并不是出于想象，而是许多已经毕业离校的学生反馈回来的情况。

四 神奇的火箭灯

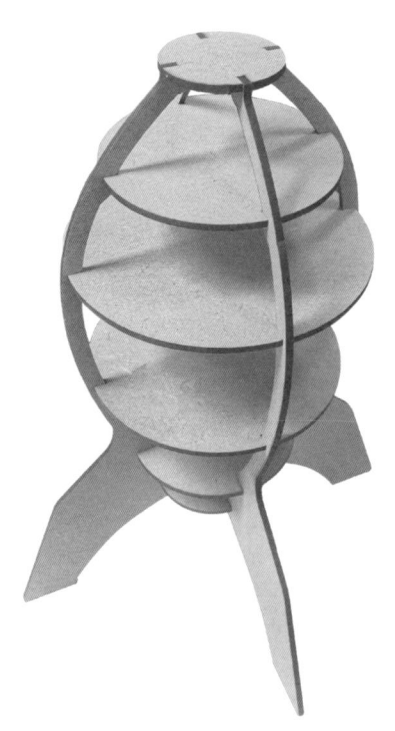

  我们常常会遇到这样的问题：需要做一个特定外形的结构，它既不是薄片，也不是长杆儿。怎么办呢？其实我们可以尝试着想象一下鱼的骨架（任何动物的骨架都可以，博物馆里的恐龙骨架抑或是超市鲜肉柜台里的大排骨），它们都可以分解为杆儿和片儿的组合。是的，当我们可以熟练的锯切出片状部件和杆状部件的时候，我们可以尝试着把它们结合起来，做成我们需要的外形。我们以一个火箭灯为例。

四 神奇的火箭灯

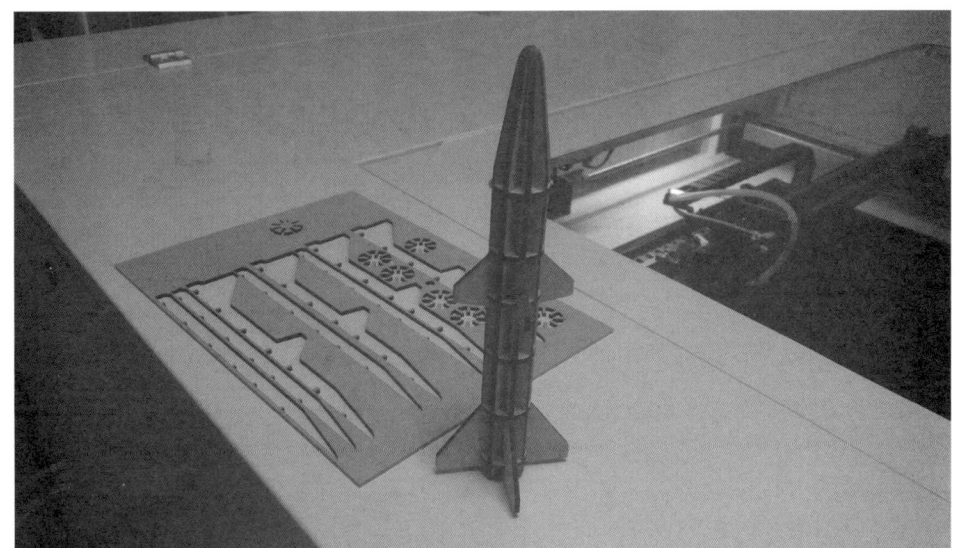

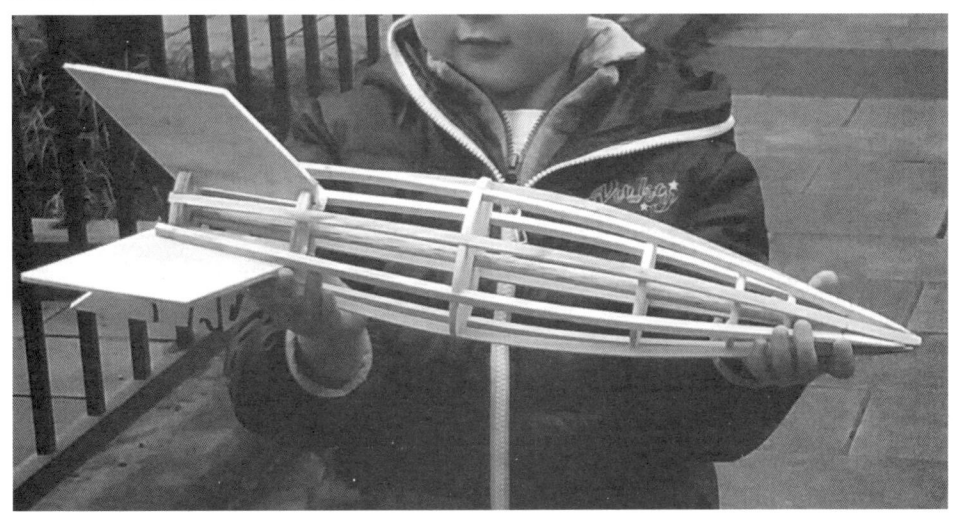

如图，灯体的主体由一系列横向与纵向的隔板组合而成。在这个结构中，我们很容易发现纵向的每块隔板都具有完全相同的外形。而横向的隔板就是半径不同的圆形。

你可以用手机把这张图片拍摄下来，注意拍的时候镜头切记正对页面，且纸面确保平整。然后用打印机打印出来，贴在 3mm 厚的多层板上。按着轮廓一一锯割下来。然后用砂纸（最好 400 目）打磨光滑。最后我们可以把这些用木片和木杆儿做成的骨架拼合起来。用细铁丝绑扎或者用热熔胶黏结。

我们可以把蜡烛放入圆形隔板，这样，一个漂亮的火箭灯就制作完成了。当然我们的目的不止于此。我们发现任何三维的结构，都可以将其巧妙地化解为二维的零件，复杂的结构可以分解为简单部件的组合。这是一种解决问题的基本思路。

当我们在设计所需物品时，可以顺着这样的思路去解决一些看似棘手的问题。

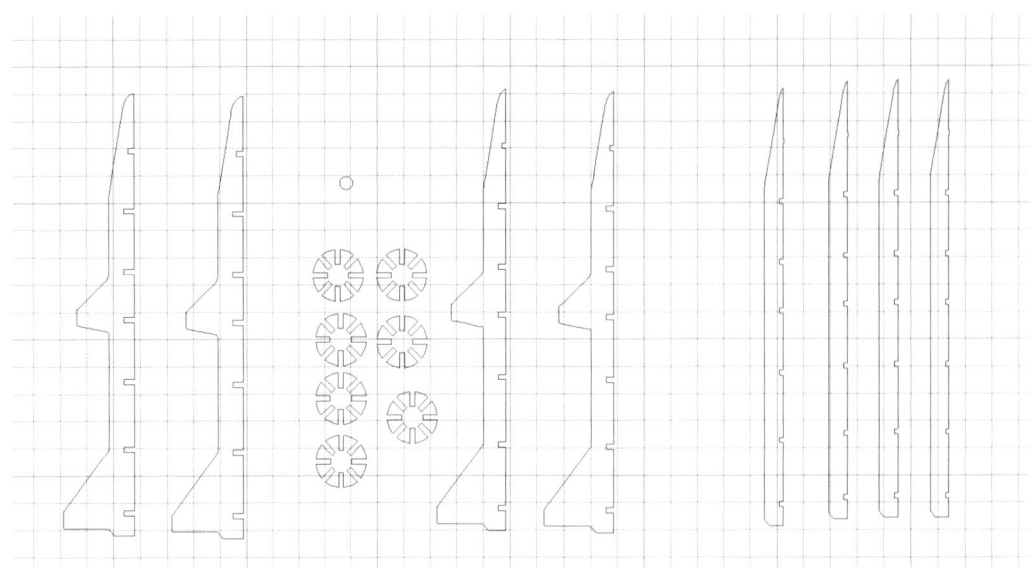

这是我们按照这种思路制作的一个导弹模型。横向隔板是一系列的圆形带切口的薄板。纵向的隔板分成两类，一类是带有翼板的，另外一类是不带翼板的。我们用 AutoCAD 绘制出隔板的轮廓，利用激光切割机在薄木板上切割出组件后拼装成为一个立体的结构。

我们也可以纯手工制作。这将是一件富有挑战性的事情，也充满了乐趣。首先我们在稿纸上手绘出大致轮廓，然后确定各处圆形隔板的直径。在木板上画线，后用钢丝锯锯切成型并打磨光滑。然后在圆形隔板的中心打出直径 10mm 的孔。将圆形隔板依次穿入中心杆。中心杆起到定位和支撑的作用，相当于整个结构的脊椎骨。圆形隔板定位后可以先行胶合。然后可以选用细木条依次绷于隔板外侧，将火箭的主体制作出来。两头用尼龙线绑扎固定。调节好位置后在所有接合处施胶加强。火箭的尾翼可先制作一个，然后用它做模板，将另外三个制作完成。这样可以保证外观的一致性。打磨后就可以黏合。

当然，我们可以发挥想象，把蜡烛换作小灯泡、LED（发光二极管）等，这样就更加方便安全。也更加便于后期的智能控制。

请你想一想：如果我们想把自己的名字用火箭灯投影在墙壁上，该怎么设计这个灯呢？

最后我们来考虑这样一个问题：如果横向的隔板不是圆形，而是有变化的图形呢？如果纵向隔板也并不是完全一样而是有所区别呢？我们可以试着去理解轮船的骨架结构。

轮船的结构主要可以分为龙骨和肋板。船体横截面也不是规则的圆形。所以，横向和纵向的部件相互配合，就能制作出各种规则或不规则的三维立体结构来。

五 从一个四棱台开始

有些时候，我们灵光一现，有一些很新奇的想法，好的创意。如何快速捕捉并描述出来呢？但这不是拍照，按动快门就能出图，也不是写文章，可以用语言文字记述。这是一个定量的描述物品外形与空间结构特征的过程。我们权且把这个过程叫做"3D 建模"吧。简单些说就是画出一些能动态翻滚展示的三维图形，这个图形可以表达出我们的构思。以便交流和进一步完善。

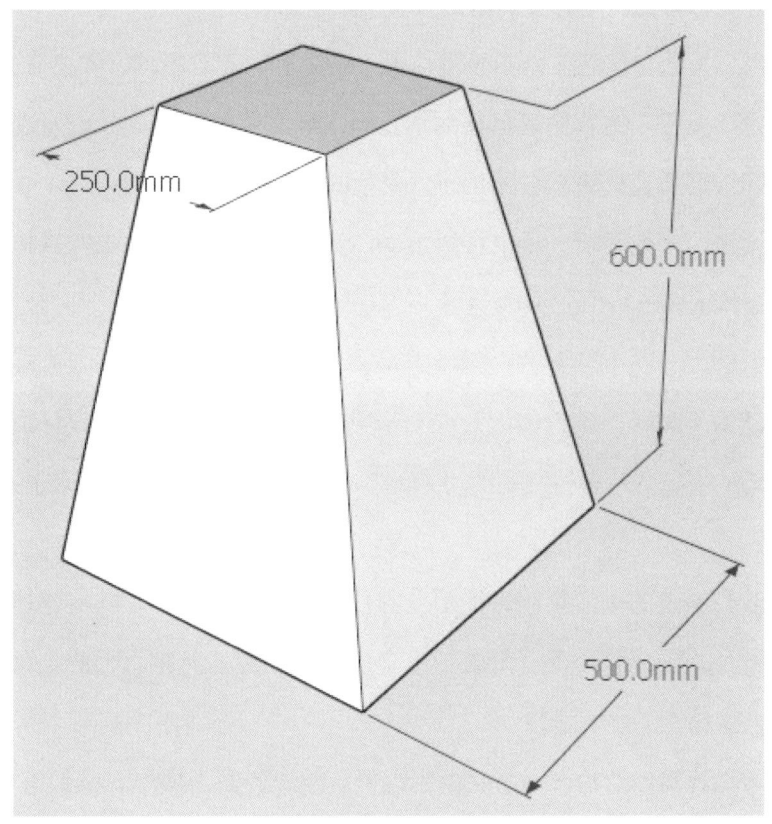

那样的图形很炫酷，其实，我们自己可以画出来，哪怕你完全没有任何基础。计算机能很好地辅助你，你只需要关注内心的想法就可以了。

我们双击 SketchUp 快捷方式图标。软件打开后，映入眼帘的就是一个三维直角坐标系。大多数建模软件都是这样。这里就是我们的绘图区域。你可以随意逛一逛，各个按钮和工具都来用一用。这样的摸索也不会有什么"危险"，其实许多软件我们也是慢慢摸索着学会的。当然，你要是去书店或者在网上找几部教程，边看边学，那么进步将会十分迅速。这里，我们将更加注重建模的基本构思，也就不去详细介绍软件自身。这并不意味着这个软件就很简单。

我相信，如果做完书中的项目，并且有了一定的基础，当软件的应用技巧已经成为你表达构思的最大障碍，那时，你再去系统地、专门地学习软件本身，将会目的明确且效果优异。建模本身就是一个很宽泛的概念，设计一个小零件是建模，设计一个动画形象，一件衣服也是。但是它们的建模过程大相径庭。在初期，我们并不明白自己的需求和兴趣点，所以大可不必过于纠结。把sketchup作为入门的台阶非常合适。也足够了。不要忘了，很多专业的设计师都一直在用它。

和大多数软件一样，我希望你能记住"Ctrl+Z"这个组合键，它的作用是"返回上一步"，你可以理解成为"后悔药"。在建模的初期，我们经常会走一步看一步，试探着前进，很多时候，可能因为一个误操作就把模型给"毁了"。没关系，可以试着同时按下这两个键。过去的就都回来了。这就是计算机建模的优势所在。允许我们回到过去重头再来。

我们点击"矩形"按钮，然后在绘图区里拉出一个矩形。随意拉动，不必在意它的形状和大小。然后我们点击"推拉"按钮，然后把鼠标移到刚才画出的那个矩形上，我们发现矩形上出现了很多密集的麻点。这表明矩形面被选中，被捕捉了，然后按下鼠标左键拉动。一个长方体就出现了。接下来你按住滚轮（没错，就是滚轮，不仅可以滚动，还可以被按下的，也叫鼠标中键）晃动一下，是不是发现这个长方体就在屏幕中三维滚动了？

就这么简单！

试想：如果滚动的不是一个长方体，是一个精美的零件，一个你亲手设计的作品，一辆汽车，一架飞机，一栋庄园……如何？那种所谓的"炫酷"感觉是不是慢慢升腾起来了？

还记得上一节我们做过的火箭灯吗？简单的部件构成复杂的整体！其实建模过程也是一样：我们可以把复杂的模型分解再分解，直至变成一个个最为基础的几何体。因此，我想我们可以从最基本的几何体入手，来感受一下建模思想。

四棱台，十分常见的实体结构，上下底面为矩形，四个侧面为梯形。我们怎样建立呢？

方法一：在长方体底面所在平面创建大矩形，然后将对应角连线建面，最后擦除多余线段。擦除的时候应注意将内部多余的线段尽量擦去。这样模型就能更加简洁便于进一步使用。

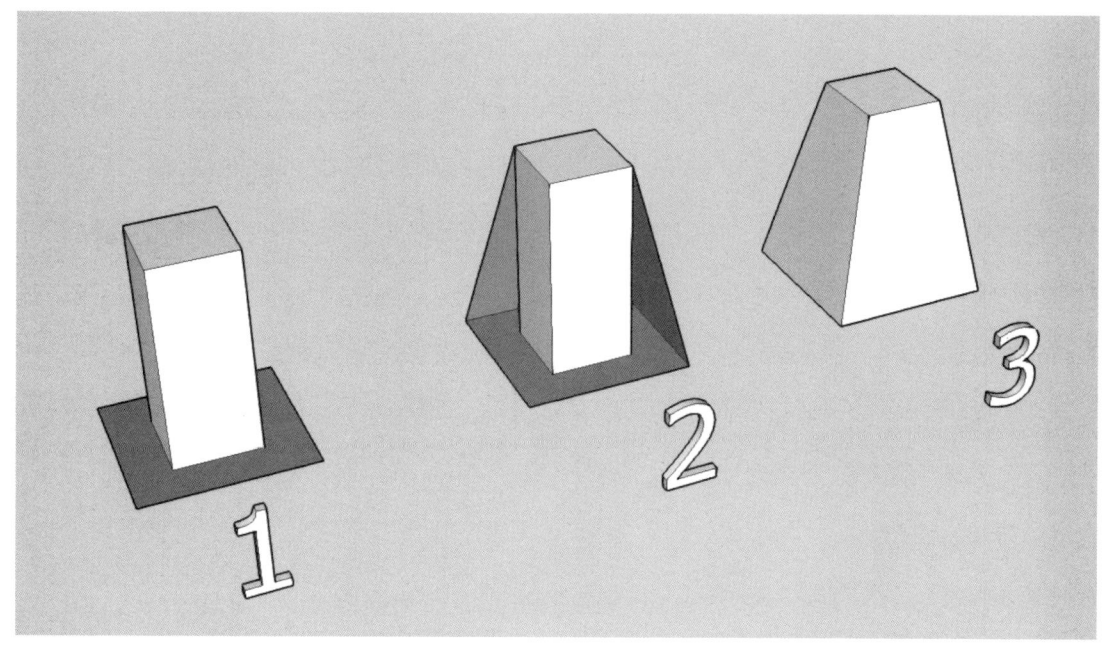

方法二：创建长方体后，将一个底面缩放。画一个250mm×250mm的正方形，推拉至600mm高。（这些数据都可以通过键盘输入，输入时切记使用英文输入状态，数据会在界面的右下角数值显示栏中实时显示。比如：用鼠标画完正方形后，马上输入250，250后回车，我们就会发现正方形自动就变成了我们想要的大小了。）

选定底面和边线。我们把鼠标移动到底面上单击左键一次则选定这个面，连续单击两次则选定面加边线，单击三次就是选定和这个面相连接的整个物体。然后选择"缩放"命令。这时候在选定面的周围会出现一圈绿色的控制点。我们选择角上的点，按住Ctrl键的同时拖动控制点，这时底面就以中心点为基准等比放大（缩小），依次放开鼠标和Ctrl键后，输入倍率2回车。底面就放缩成了我们需要的大小了。是不是感觉这个过程有点像捏面团、捏泥巴？我们可以在原有柱体的基础上去塑形。

当然，与之相对，我们同样可以先建立大柱体。将其上顶面缩放至250mm×250mm，效果相同。

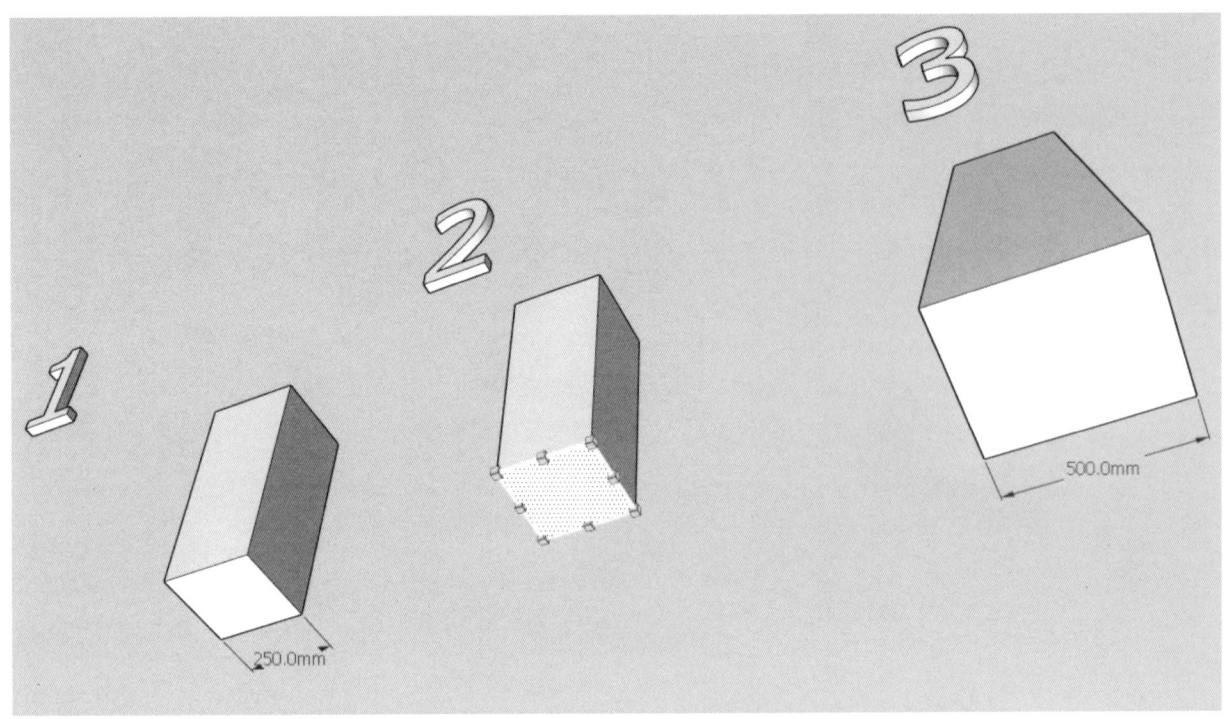

方法三：将长方体底边移动。比例放缩，有时候特别方便。但是，如果这些边线按照不同的比例去变化，缩放命令的缺点就显现出来了。没有关系，我们可以换个思路。让某一条边移动。这时和它关联的面将随之移动匹配。然后我们逐条边去移动。最终得到模型体。

首先还是把 250mm×250mm 的正方形推拉成一个高 600mm 的柱体。然后选定一条边，点选移动命令后拖动，输入 125 回车。这是新边距离原边的长度值。

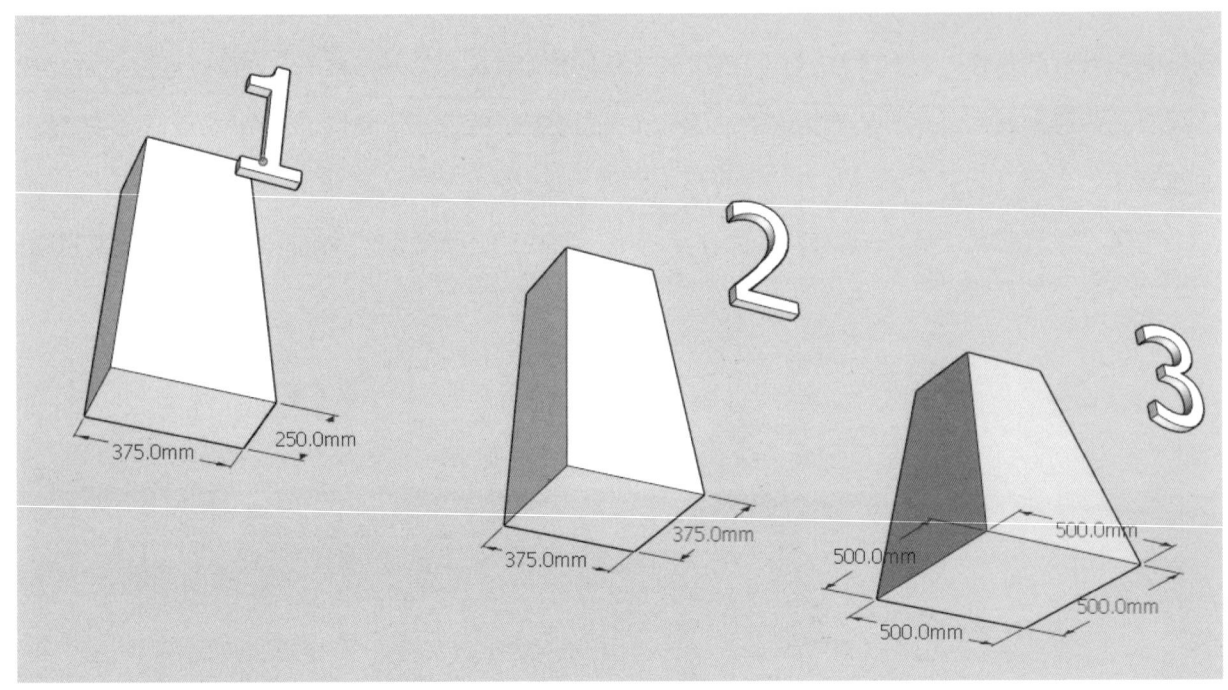

方法四·：嵌套正方形后拉起来。我们在移动边时，与其关联的边线和面都在随之移动。那么我们移动一个面的时候呢？一起来试试吧！

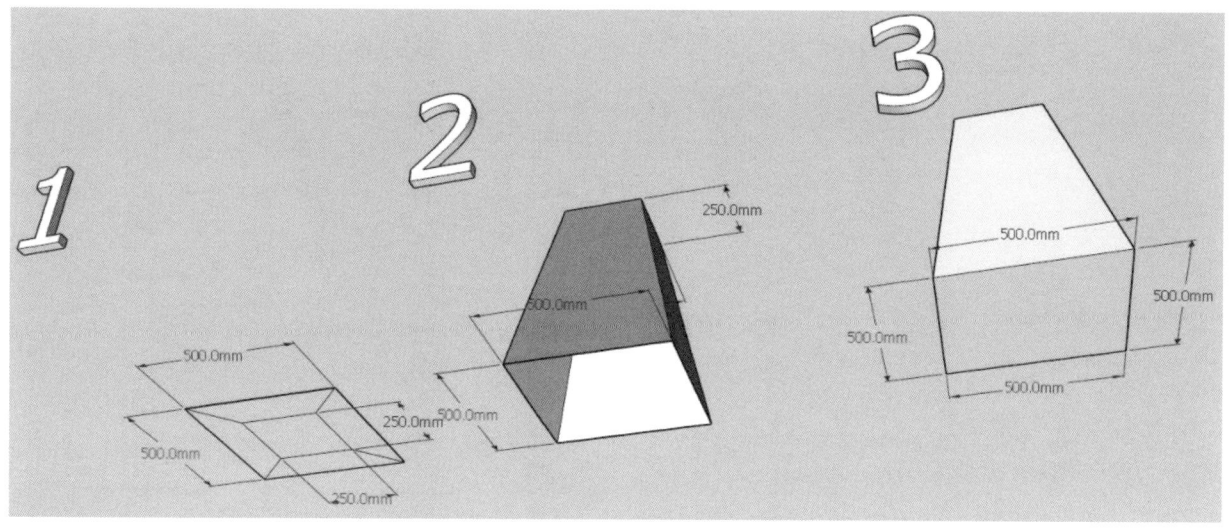

先绘制一个500mm×500mm大正方形，也就是底面轮廓。然后点选偏移命令。将大正方形偏移出来一个小的正方形也就是顶面轮廓。这两个正方形同心。然后用直线工具将两个正方形对应的顶角连接起来。

这几条连接线便是四棱台的四条棱边。选取小正方形和边，用移动工具，沿着Z轴方向移动600mm，我们就得到了一个空心四棱台。旋转后我们发现它没有底面。没关系的！我们再次用直线工具，作底面的对角线，这时候系统就自动把底面补齐了。最后我们用擦除工具将对角线擦去。模型就最终完成。

画对角线只是为了把底面补上。面生成后，我们就应该及时擦除多余的部分。这个操作叫"封面"。就是把缺失的面封闭起来补齐的意思。当我们所创建的模型越来越大的时候，封面是个较为繁琐且重要的工作。要有足够的耐心和技巧。有时候我们会发现面封不全，这时就提醒我们，某些点不在同一平面内。建模过程与思路可能存在问题。所以封面也是对模型的一种检验。

方法五：长方体上底面画小矩形后，连线删除部分面。

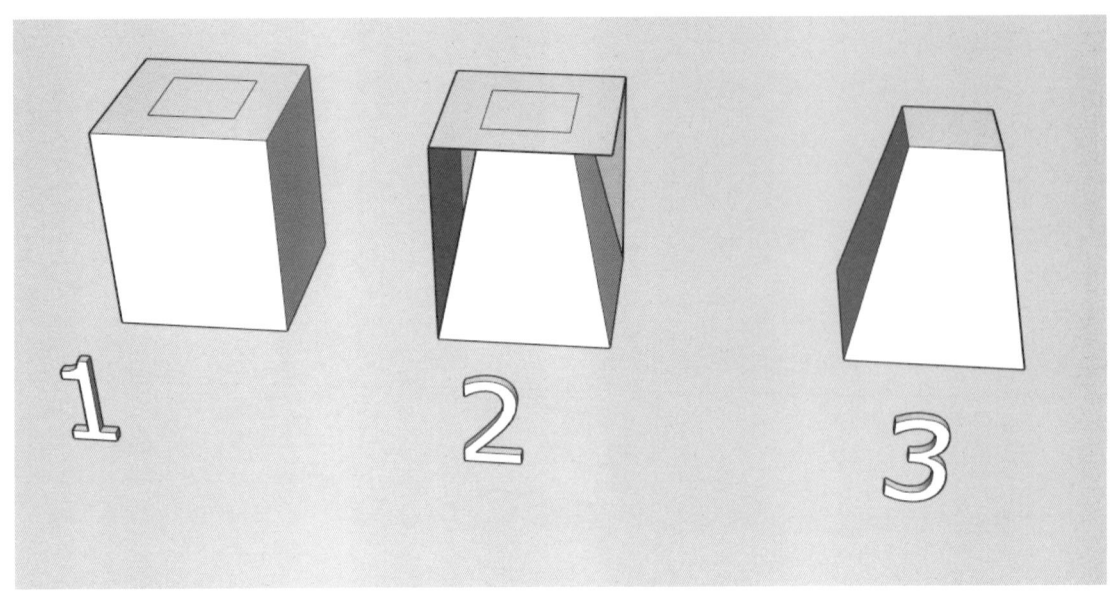

先做 500mm×500mm×600mm 的柱体。用偏移命令在顶部做出一个同心 250mm×250mm 的小正方形。调用直线工具将小正方形的顶角与底面顶角连接。这时由于侧面的遮挡，我们看不到连线。如果想实时观察，可以使用"X光透视模式"。（视图 - 显示模式中选择）这样，整个模型就变成了半透明状。被遮挡的线段清晰可见。最后我们擦除多余的线段，四棱台就建立完毕。

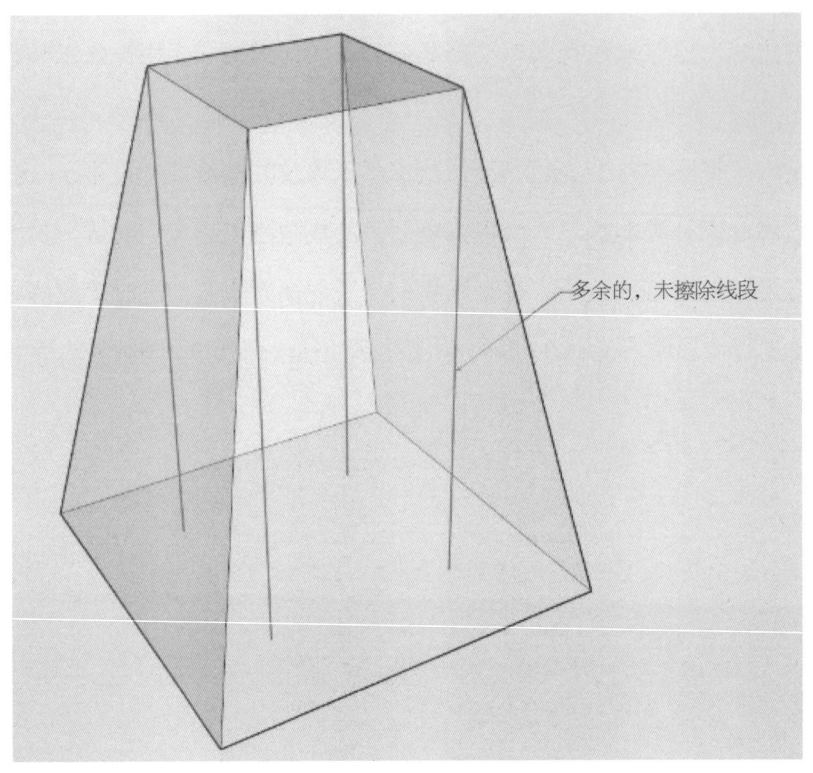

多余的，未擦除线段

接下来，我们先将方法一的结果用透视模式检查一下。结果发现：棱台体内有四条多余的线段。这是最开始长方体的四条棱边。从模型外部根本发现不了，但是换用显示模式后就显现了出来。所以建模过程中我们可以随时调换显示模式，方便修改和检查。

方法六：路径跟随。

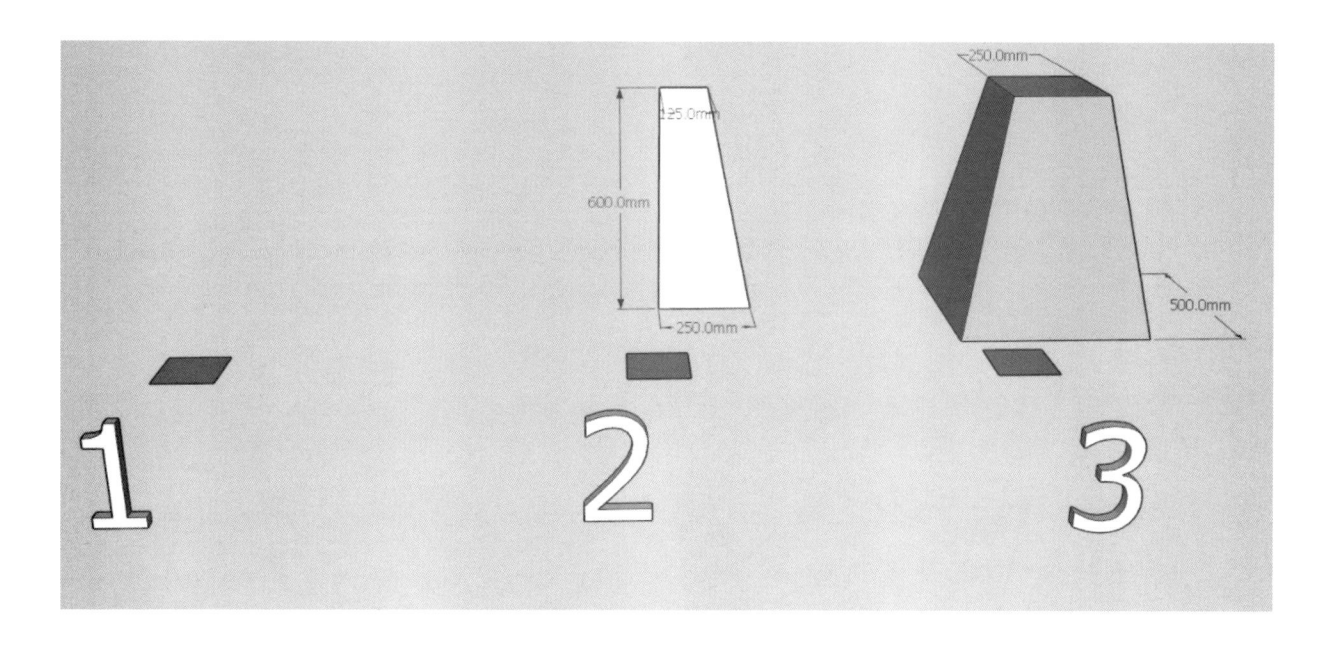

任意绘制一个正方形，大小随意。我们可以用矩形工具，也可以用多边形工具。点击多边形后在绘制前输入4回车。甚至可以点击圆形工具后输入边数为4回车。其实我们可以把圆形想象成一个 n 边形，边数越大，宏观上看，圆形的边就越光滑、圆润。反过来，也可以把边数取少一些，极端情况可以取3，如果取4就是一个标准的正方形。

在和这个正方形垂直的面上绘制一个直角梯形。注意尺寸：底边为四棱柱底边长的一半，上底边为四棱柱上顶面边长的一半。高为600mm，这里要特别强调的就是：这个梯形的高所在的直线，其投影应该恰好在正方形的中心。这点很关键。有兴趣的读者可以试一试，如果不在中心上会有什么特别的效果。为了达到这个要求，我们可以一开始就把正方形画在坐标原点处。绘制梯形时，就以Z轴作为基准与其重合。用直线工具，边绘制边输入相应尺寸。

绘制完成后，点选底面的正方形。然后选择"路径跟随"工具。接着点选梯形。梯形面就会以正方形为路径扫掠出来一个四棱台。

这是一种完全不同于前述各方法的新的方式，非常有用。如果模型的各个截面均一致。模型仿佛是用"车床"车削出来一般。这种情况，大多可以使用这种建模方式。当然，路径可以是直线、弧线、圆等。可以闭合也可开放。只要把截面绘制好，并保证与路径线的起始段垂直，就可以做出很多效果来。比如下面的酒杯和半圆管道。

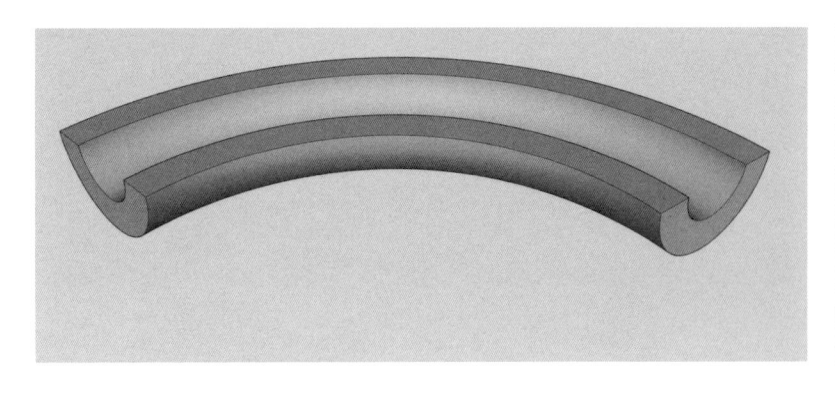

方法七：画四棱锥后擦除尖端。

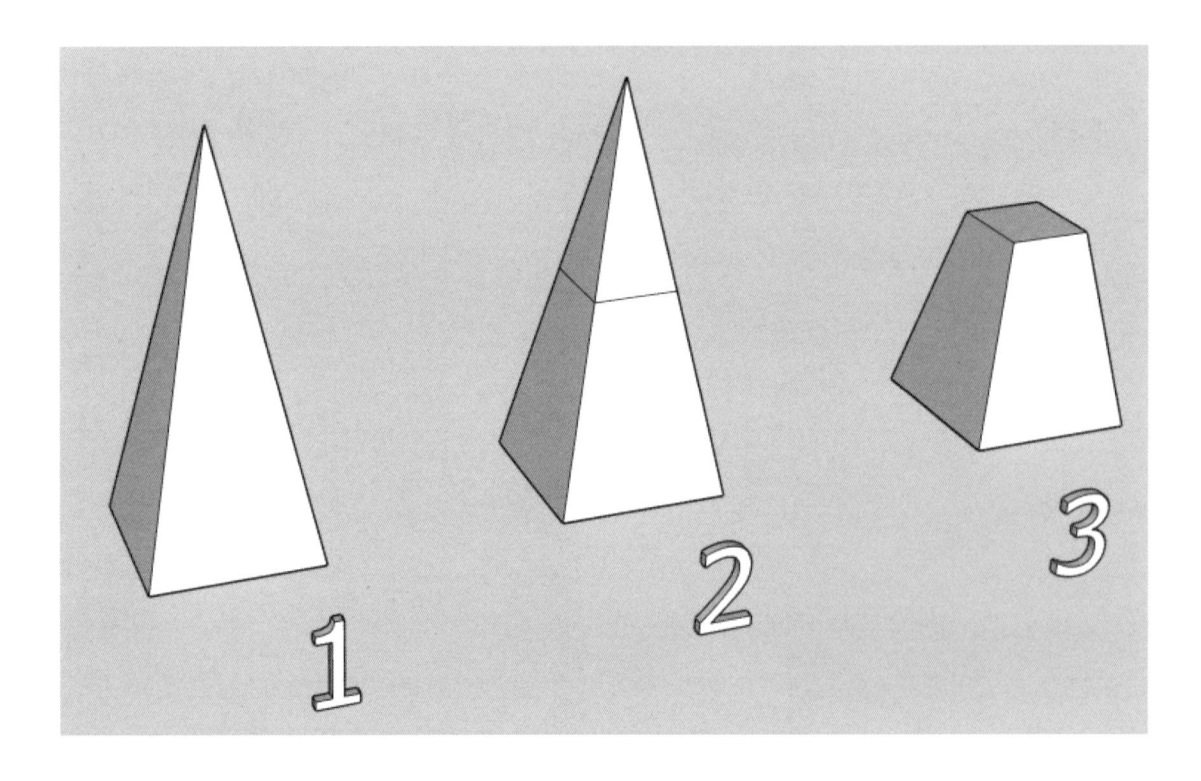

我们可以认为：四棱台是四棱锥被截去尖端后得到的产物。也就是把四棱锥当作是一块"毛坯"。经过进一步加工后得到最终产品。其实绘制四棱锥的方式也有很多，可以借鉴上述各种方法。但是要确保两者的四条棱边角度必须完全一致。

绘制完后，在合适的高度上绘制棱台的上顶所在线段。四面都绘制，首尾相连。最后用擦除工具将最上方的小棱锥擦除。这时我们会发现顶部是空的。所以需要绘制对角线"封面"后再擦除对角线。

以上，就方法七的绘制过程，只是做了一个大致的介绍。实际操作的时候，你会发现很多问题：如何保持棱边角度？如何确定上顶面边线位置？棱锥一开始到底采用什么样的方式来建立？等等，回答这些问题，其实都会涉及"建模思想"。就是我们要从全局着眼，如何看待模型的生成过程。

问题之间往往都不是孤立存在的，需要我们通盘考虑。特别是对于复杂的模型来讲，建模思路尤其重要。好的思路往往事半功倍，简单奇妙，易于理解和修改。与之相对，思路出了问题，往往模型建立过程就显得繁杂笨拙，不便于进一步修改和调用。

好的思路是建立在对模型充分了解的基础上的。

方法八：长方体侧面旋切。

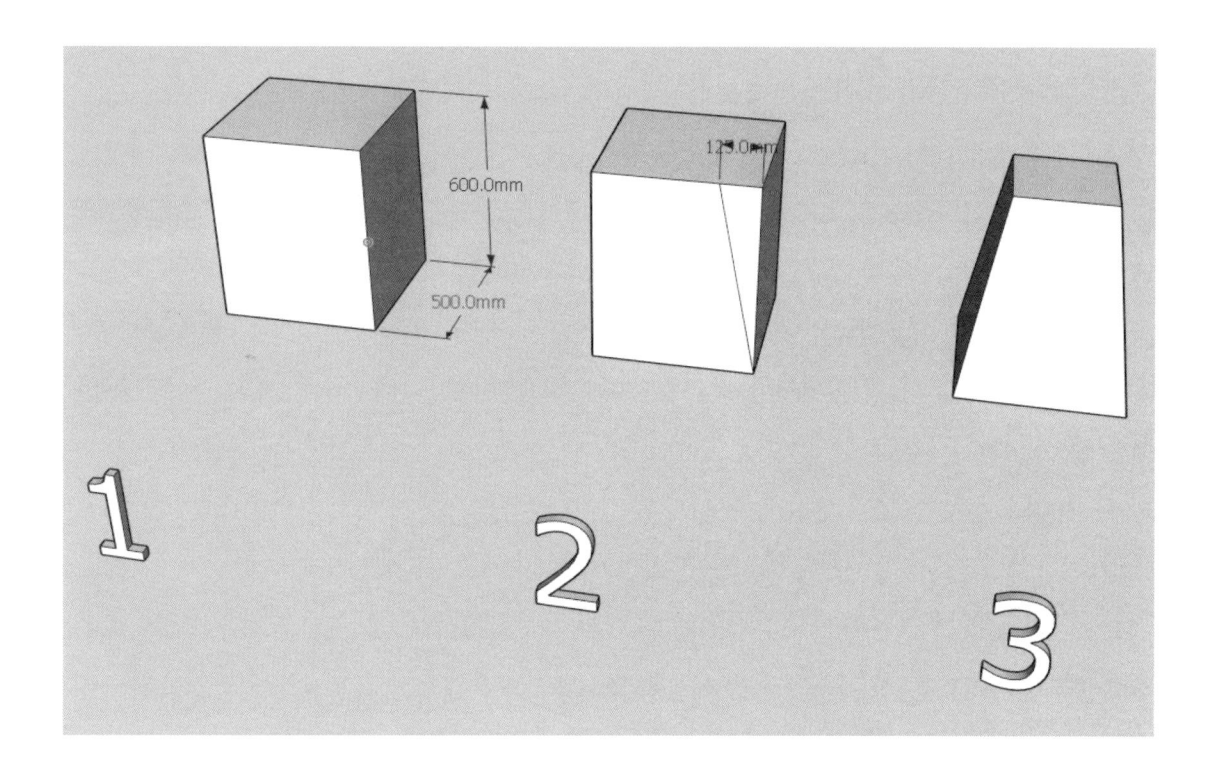

首先建立一个长方体毛坯。这个长方体的底面就是四棱台的底面。

然后在其一个侧面绘制直线，直线的正投影落在四棱台的上边处（直线上端距离外边线125mm）。选定底面作为路径，点选路径跟随命令后选取绘制直线与棱边构成的三角形作为切除面。这个三角形就会像一把锋利的"铣刀"沿着路径将毛坯铣切成最终形态。

如果我们把这个三角形画小一些，或者画成弧线。那么最终的效果就是：原本棱角分明的长方体顶部，变得圆润光滑，仿佛打磨过一样。类似于"倒角"或者"圆角"。

当然，方法远远不止以上八种。我们不难发现，建模过程其实没有一个既定的固定流程。条条大路通罗马，殊途同归。这些方法，也许现在看起来有难易之分，甚至有些显得有点绕圈子，不那么直接。但是随着学习的加深，问题的复杂程度提高，你会发现：很多时候现实条件很不充分，有许多的限制。这时候，就需要我们灵活选用合适的方法。从学习的角度来看，我们也希望你能根据已有知识，尽可能地发挥想象，创造不同的解决方案。

在制作和建模的过程中，很多步骤都不是只有唯一的方法，也没有所谓的标准答案。我们只是给出了一种途径。所以无论是实现的过程和步骤，还是完成的方式与流程，都鼓励大家提出自己的看法并大胆尝试。这个理念就是"创意"充满了创造。也许它不是最高效的，最简便的，但它是不同的，独特的，个性化的。对自己和他人来说，极具启发意义。这才是最有价值的，最值得称道的闪光点。

从某种意义上说，我们可以把建模过程简单地分为两大类：逐渐增加、逐渐减少。

所谓逐渐增加，就是我们根据需要，不停地往模型中加入新的部件。你可以观察建筑工地，在模板上浇筑混凝土的过程，蚕吐丝作蚕茧也是一个逐渐增加的过程。

与之相对，我们也可以随时根据需要在模型上拿走不需要的部件。前者好比黏结、焊接，后者好比切削、锯割。这两个过程会交替出现。直至最终，完成我们所需要的作品。这个过程由计算机来完成，可以随时"反悔"，回到上一步，所以比起真实的加工，要来得有趣、自由。不过，这里还是要提醒一下：虚拟和现实至少在当下，还是有很大不同的。有些结构，我们会很轻松的建模，但是制作时就会困难重重。反过来也一样，有些结构也许我们可以随手制作出来，可建模过程却没有想象中那么简单。

如果，在建模过程中开始有意识地联想到实际加工的情景，那么，恭喜你！你已经踏上了成为"高手"的道路！

科技的快速发展，为我们提供了更多的选择。我们相信，终会有一天，现在看来不可能完成的事情，会变得稀松平常。也正是这些天马行空的看似怪异、荒诞的想法，成就了更为光明的未来！

六　把你的姓名牌画出来

我们在之前的制作中用到过一个思路：用二维的部件组建起复杂的三维结构。（严格来讲，薄片和杆儿也是三维的，只不过我们在处理薄片儿时，没有过多关注厚度方向上的问题，更多关注的是平面上的形态。杆状部件我们更多的是关注它的长度，这可以认为是一维的。）

建模时，我们也可以先把注意力放在二维平面上。勾勒出想要的轮廓后让计算机帮助我们处理后续的操作。

在绘制二维图形时，一般我们把图形放置在 Oxy 平面，也就是常说的地面。选择从空中俯瞰的视角。

如果我们直接推拉出来，就好比是我们锯切下来的名牌。但要是我们先推拉出一个平板，在平板上再退掉二维轮廓，那么这不就是我们之前锯切姓名牌后剩下的那个镂空图案吗？

看来建模的过程和实际制作之间有时会非常相似。这种"相似"其实比较关键，它直接影响着我们对构建过程的理解。这是其一。其二，建模过程，仿佛就是计算机在帮我们制作，这使得我们随时都能看见结果。当我们缺乏必要的工具和材料时，可以试着在计算机上模拟这个制作的过程。

这里的"推拉"只是该软件的一种操作。建模软件的种类五花八门。不同的行业、领域、项目几乎都有专用的软件。实现类似功能的操作名称更是千差万别。不论叫什么，基本目的只有一个：从实体上去除某些部分或增加某些部分。以"推拉"为例。既可以把文字轮廓推出来，成为一个姓名牌，也可以在一个板件上推掉后成为一个外框。

在实际制作过程当中轮廓与外边框可以有机组合，取得某种特殊的效果。请看下面这个实例：

在薄木板上切割一个镂空五角星外框，然后在亚克力板上切割出一个同样大小的五角星轮廓。将两者进行镶嵌。在其背后用光源照射，就形成了一种文字图案类的灯箱结构。当然我们也可以反过来镶嵌，让背景部分发光，或换用不同颜色的亚克力板相互嵌套。尽可能发挥想象。

因为我们动手制作过姓名牌。所以在建模的时候，思路就十分清晰。与此同时，当我们想通过建模来设计的时候，也会时刻联想到实际材料的特点和加工方式的局限性。

绘制轮廓就是"增加"，绘制镂空外框就是"去除"。当然了，软件里有很多其他的增加方式与去除方式。比如"擦除"工具。我们可以删除一个点、一条线、一个面。当我们擦除时，模型的外观就随之改变。特别是某些面会在变化过程中消失，让模型看起来像一个空壳。这时候我们只需要在合适的方位上用"直线"工具连接某些点，就能让消失的面再建立起来。这个过程俗称"封面"。在 sketchup 当中，要养成封面的习惯。

另外，建模中有时候为了删除多余的线段，我们也会临时把某个面先行擦除。没有了遮挡，我们就可以方便地对模型内部进行整理。然后再"封面"。这是很有必要的。目前，我们作为初学者所建立的模型都很简单。即使不那么规范，好像也不会有任何问题。但是，一旦模型大了以后，多余的线段会严重拖慢计算机的处理速度。这一点，我希望你一定要养成良好的习惯，那就是：去除任何多余的部分！让模型干干净净、清清爽爽的。

大多数时候，我们更加关注的是建模后的结果，而不太关注建模的过程。我们还不需要考虑太多的过程合理性问题，所以我们先把注意力放在模型自身上。让它尽可能小、简洁。

擦除不仅是简化模型的必要步骤。有些时候会带给我们一些思考：如何画一个十四面体？照片里的这个物件，是一个十四面体，仔细观察后发现，它由6个正方形和8个等边三角形交替构成。我们可以先画出正方体，然后用铅笔工具连接所有边线的中点，然后试着擦除掉所有的"角"，最后这成功地画出来了。为了便于观察，我们把各个面涂上不同的色彩，以提高对比。

七　做个立体五角星吧

实际生活中遇到的结构，有时候既不是简单基础几何体的组合，也很难勾勒二维轮廓后推拉。其实我们可以换个思路，就是在不同的面上分别进行二维设计。这些不同面上的二维轮廓经过组合后就能得出我们所需要的结果。

我们以立体五角星为例：

北京人民大会堂穹顶中央的五角星是典型的单面立体五角星。莫斯科克里姆林宫塔楼上的宝石五角星是双面立体五角星。我们可以先观察和思考此结构的特点。（比如关键点、重要边线、重要立面、角度、比例、几何关系等）

立体五角星结构十分美观稳定，那么我们可不可以用建模软件将这个结构件画出来呢？这个结构和之前所举的例子之间好像还有很多不同：比如中心部位的厚度和边缘是有很大差别的。

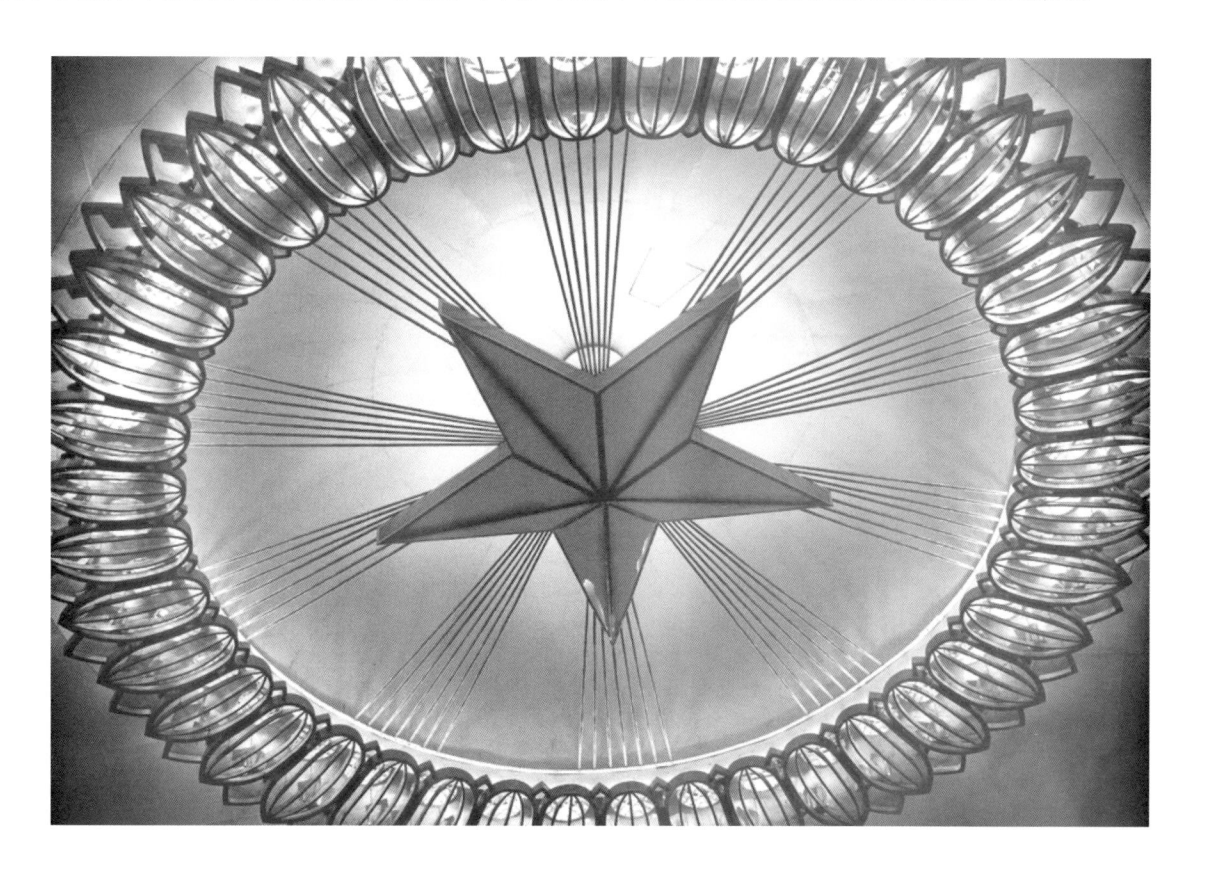

立体五角星的建模关键因素一：平面五角星的绘制（结构分析）

从正前方正视，结构的外轮廓是一个五角星。首先我们来思考：如何在平面上做出来？

标准星形的顶角为36度，你可以证明吗？

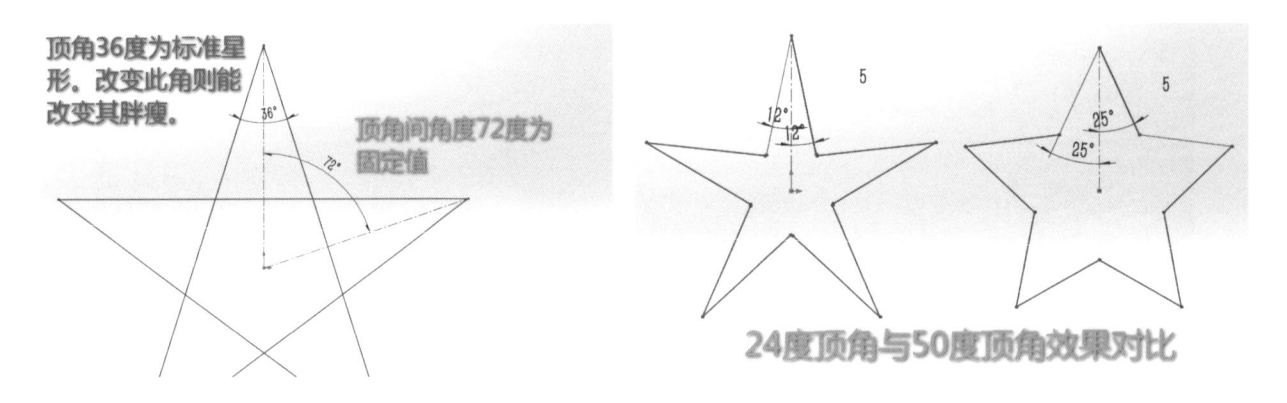

你可以用不同的顶角来试着绘制平面五角星，比较最终效果的差异。不论我们取什么样的顶角，我们都面临一个原则：每个顶角都全等。角度和两条边长都完全等大。五个顶点的位置也是均匀分布的，当然，如果要想获得某种特殊的效果时除外。

这个时候就已经显现出建模的优势了：我们可以在计算机上把各种度数的顶角都模拟出来，看一看大致的效果。这比我们实际制作要迅速得多，也更加灵活高效。

提供两种平面五角星的绘制思路：

这两种方式最终都能做出我们想要的结果。但是哪种方法更优呢？这是我们应该注意的！建模过程中，往往不同的方法都能满足我们的需求。但是不同方法的背后是我们对结构的认识不同。有些方式简单快速，但是不便于修改。有些方式复杂繁琐，但是后期处理起来十分灵活。所以，这些方法很难用"好"与"不好"来加以区别。那么在学习的初期，有两点建议供大家参考：首先，彻底熟练掌握一种方式；然后，注意体会自己所没有想到的方式。打开思路，学会从不同的角度去看待问题。努力从不同中找到学习点。养成"对比"的思维习惯！

接下来的过程中，我们会看到更多的类似实例。要明白：条条大路通罗马。自己的路并不是唯一正确的。所谓的"优"是基于不同的标准！

思路 A：正五边形连点

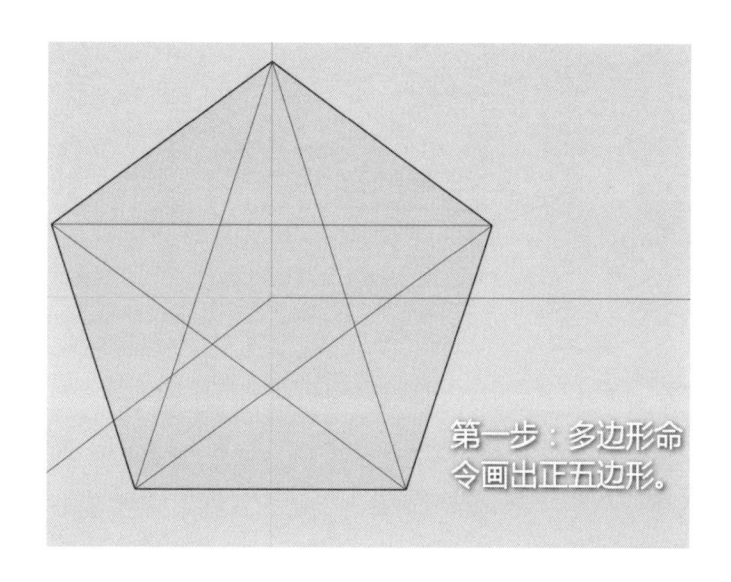

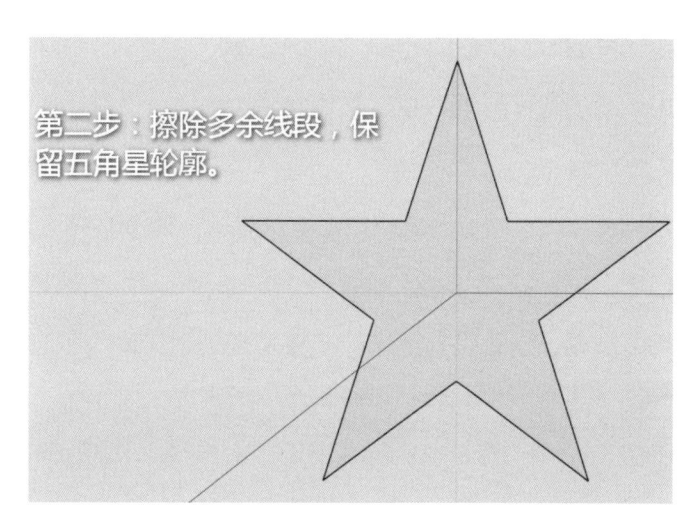

第一步：多边形命令画出正五边形。

第二步：擦除多余线段，保留五角星轮廓。

当然，我们也可以将绘制的正五边形的每条边都向两侧延长。

思路 B：三角形旋转复制

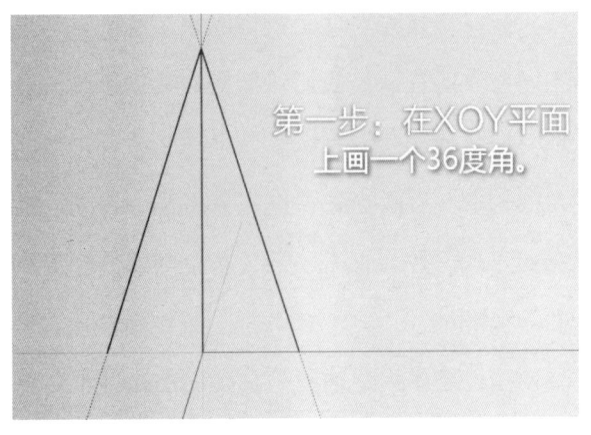

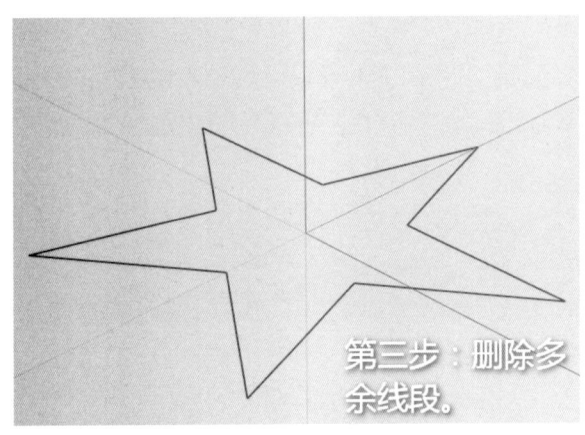

第一步：在XOY平面上画一个36度角。

第二步：旋转72度后复制出4个。

第三步：删除多余线段。

思路 A 适用于标准星形的快速绘制，并且方便控制其外接圆的半径。在模型有约束的前提下，能避开计算，快速绘制。思路 B 在非标准星形的绘制中，显得方便快捷，特别是多角星的绘制，显得灵活多变。两种方式你更喜欢哪一种呢？或者你还能提出哪些不同的方式呢？

我们还可以用这样的方法：首先绘制一个圆形。（注意：当我们点选圆形工具时界面的右下角就会显示边数，软件是用一系列直线段来拟合圆。有点类似我们在地面上用砖头砌一个圆形的花坛。每块砖头都是方的，直的。最终连续的偏转角度累积起来，隔远了看就是一个圆。为了让圆形看起来更加圆润，我们一般取边数为80。）

绘制好了后，选定圆形的边线（注意不是选圆面，是边线）单击右键选择拆分，输入 5 后回车。这里我想提示一下，我们可以随时关注绘图区域的右下角，这里面显示的数据会反映很多细节问题。有时候也可以直接往里填入数据，但是建议大家一定要切换到英文输入状态，某些版本的软件在中文输入状态下可能会出现输入无效一类的问题。然后我们用直线工具去连接拆分点，当鼠标靠近点的时候会自动捕捉。

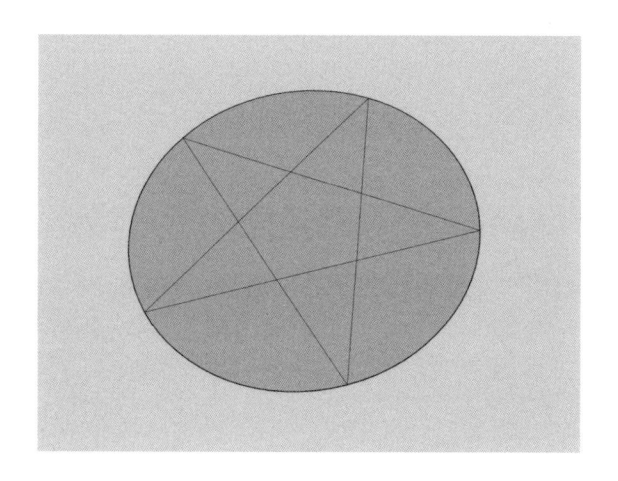

我们再次换个思路：既然圆形是由短直线段组成的。我们可以设定边数，那么我们就设定边数为5，不也可以画出正五边形吗？（之前在绘制四棱台底面时就用圆工具设置边数为4画过正方形）你试试看，这和直接调用多边形的方式是不是最终结果是一样的呢？（圆心位置可方便我们定位）

（3）立体五角星的建模方法

A 方法一：画出平面五角星后连线成面

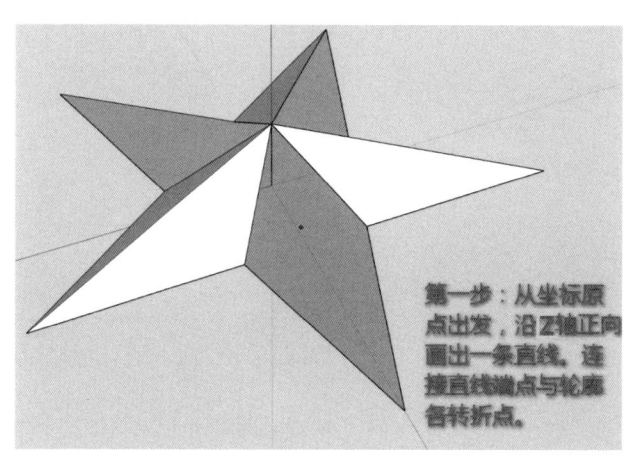

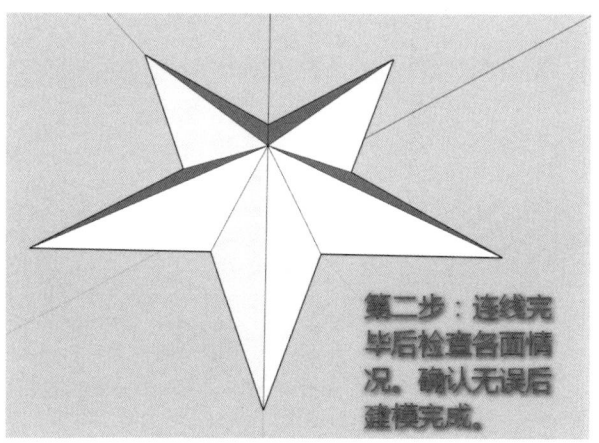

第一步：从坐标原点出发，沿Z轴正向画出一条直线，连接直线端点与轮廓各转折点。

第二步：连线完毕后检查各面情况。确认无误后建模完成。

Z轴直线的长度就是立体五角星的厚度。

B 方法二：画出外轮廓后拉中心点

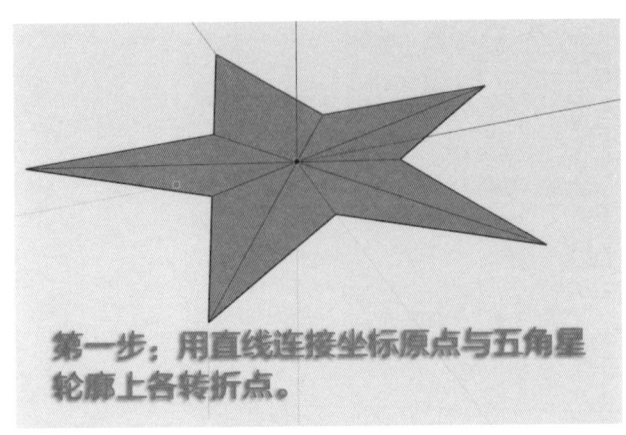

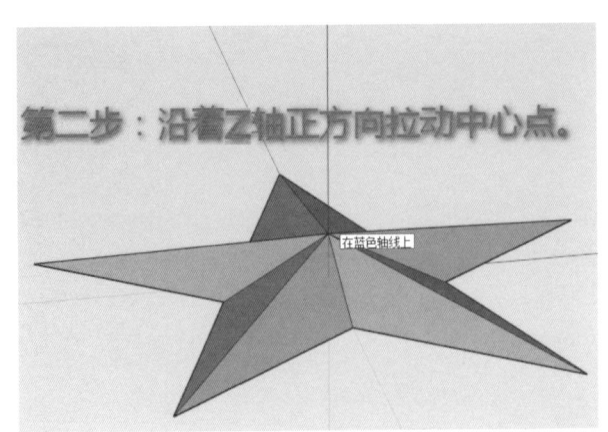

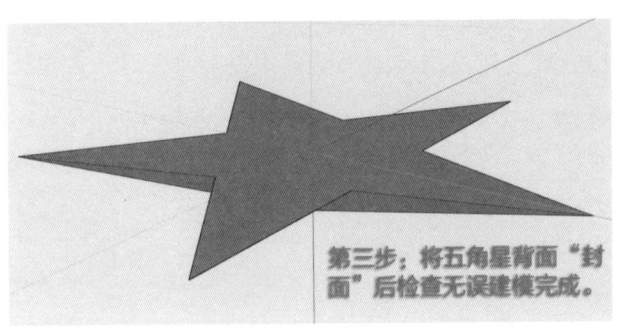

第一步：用直线连接坐标原点与五角星轮廓上各转折点。

第二步：沿着Z轴正方向拉动中心点。

第三步：将五角星背面"封面"后检查无误建模完成。

后期，可以调整中线点高度，调节五角星的厚度。

C 方法三：侧面轮廓路径跟随

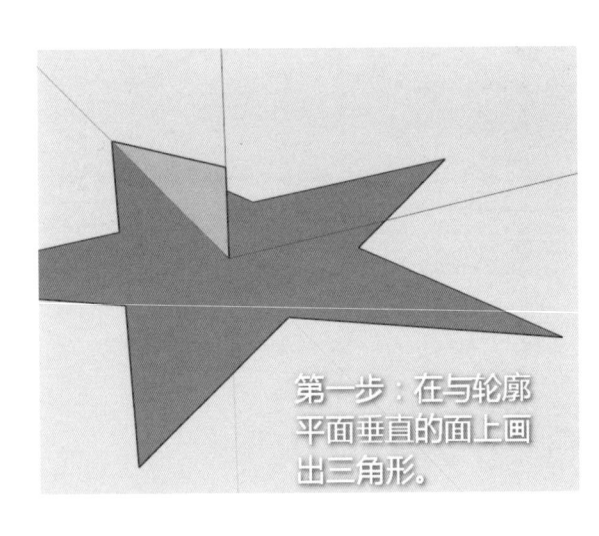

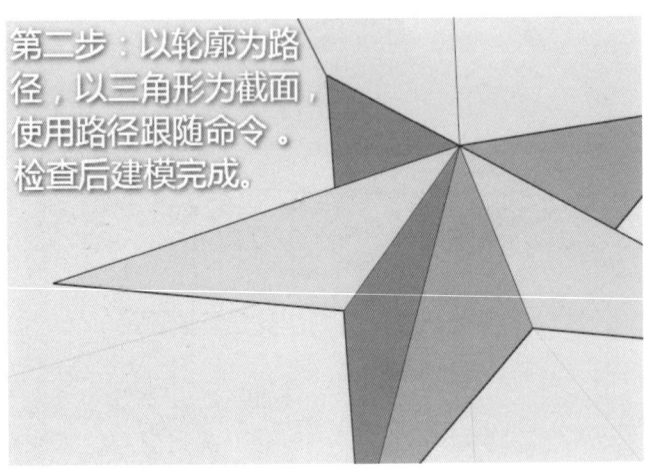

第一步：在与轮廓平面垂直的面上画出三角形。

第二步：以轮廓为路径，以三角形为截面，使用路径跟随命令。检查后建模完成。

路径跟随命令的巧用和妙用，往往可以收到"意想不到"的效果。

D 方法四：五角星棱柱后缩放

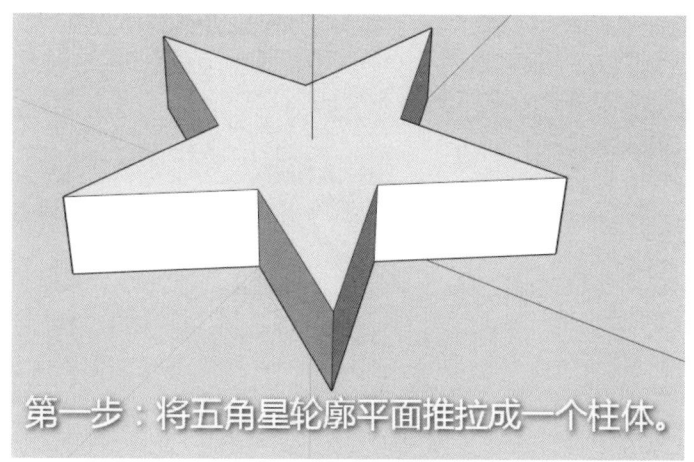

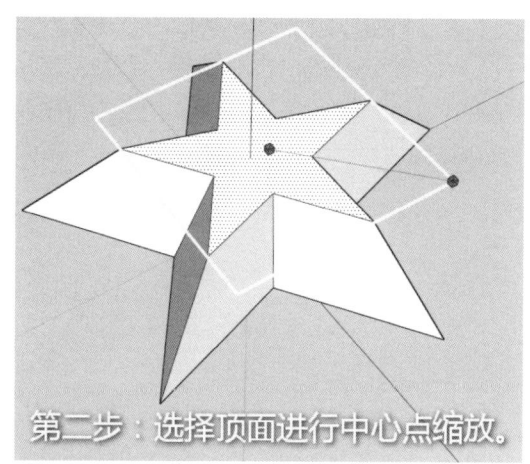

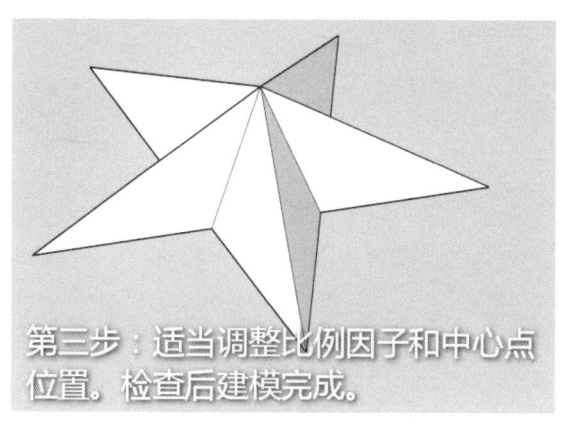

第一步：将五角星轮廓平面推拉成一个柱体。

第二步：选择顶面进行中心点缩放。

第三步：适当调整比例因子和中心点位置。检查后建模完成。

注意：比例因子不能为0，放大后，"顶点"是一个很小的面！

E 方法五：三角形旋转复制

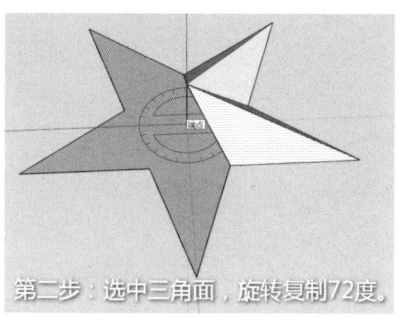

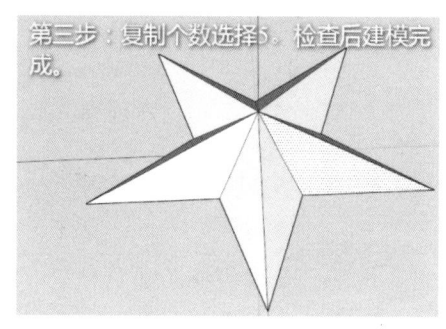

第一步：勾画出一个立体三角。

第二步：选中三角面，旋转复制72度。

第三步：复制个数选择5。检查后建模完成。

我们做出了单面立体五角星。那么双面的怎么来做呢？

很明显，我们可以重复这一过程，做出两个相对放置的单面五角星，然后合并起来。比如这样：

请注意，我们也可以这样：

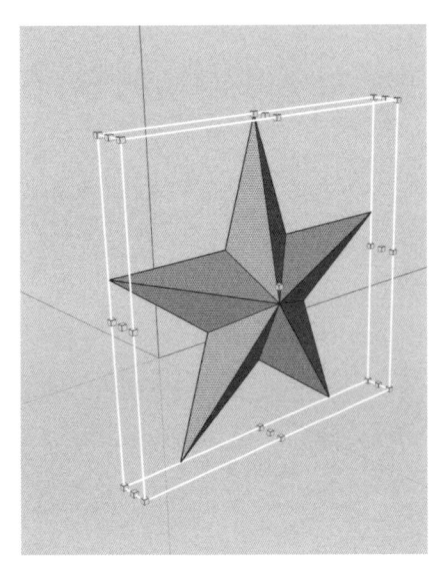

选定一个做好的单面五角星，选择移动工具，然后按下键盘上的 Ctrl 键，这时你会发现鼠标的旁边出现了一个小小的加号。然后你拖动鼠标，就会发现拖出来一个相同的模型，并且原来的模型还原地未动。这相当于是一个复制过程。接下来，我们选定其中任何一个，然后点击缩放工具，点击侧面所在的控制点，反向推过去后，在右下角数值栏里输入"-1"后回车。这时候我们发现，原有的模型被镜像了。这个操作，请大家特别注意，会在很多场合有得应用。最后，我们就把两者移动到一起拼合。由于彼此为对方的镜像（两者关于某个面对称，彼此就像对方在镜子里所成的像一样），所以我们在移动的时候可以选取某个顶点作为捕捉点，这样拼合时就能很好地贴合，做到"严丝合缝"。

七 做个立体五角星吧

我们也可以一步到位：前面所用到的路径跟随工具绘制过程中，只需要将作为截面轮廓的三角形改换成等腰三角形，其余步骤均不变，就可以得到我们想要的结果。

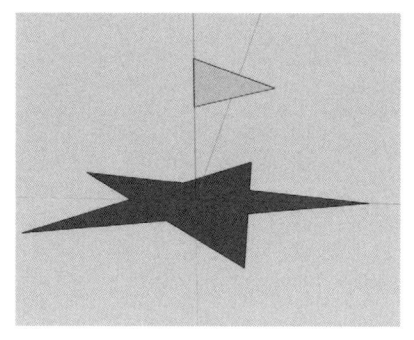

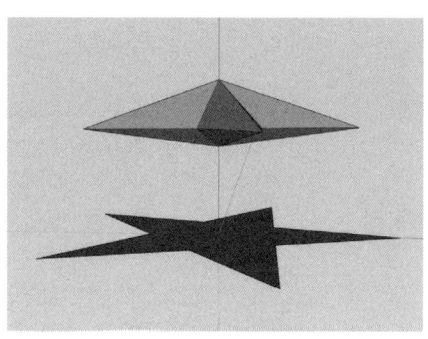

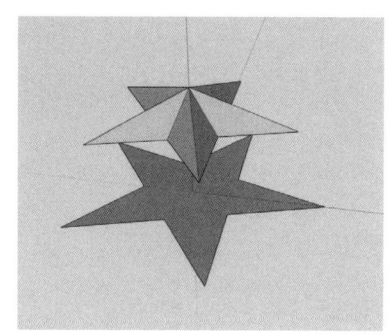

不过，我们发现，作为轮廓的三角形，和作为路径的五角星，彼此并没有接触。只是所在平面相互垂直。

以上，我们给出了多种平面建模和立体三维建模方式，力求打开大家的思路。那么接下来，大家可以试着构建以下的"立体军徽"并按要求配色。

军徽的主体就是以上讲解过的立体五角星结构。但是它多了一些细节：五角星的外围有一圈裙边，并且中间还有"八一"字样。如何在原有结构上将附加的部分接合上去？如何安排建模过程？如何巧妙地借用已有模型的关键尺寸和几何关系呢？大家开动脑筋想一想，实际做一做吧！

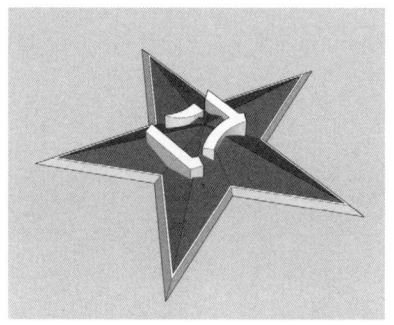

裙边的倾斜角度比五角星主体要小一些。五角星的外轮廓底线比裙边上平面稍小。显得别致不呆板，不喧宾夺主。

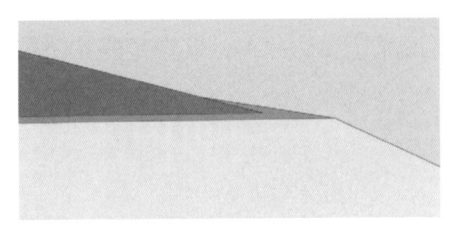

"八一"字样的字体非常特殊，在普通软件的字体库中很难匹配。这个问题怎么解决？

经过我们前期查询资料，军徽里的"八一"为特定字体，普通文字软件里很难找到。我们可以找到军徽的正面照片，导入 sketchup 后用铅笔、圆弧等工具描绘其轮廓，然后精修。只要把界面放大到合适的比例，有足够的耐心，就可以把文字部分制作得十分精良。

字样镶嵌于主体结构中，位置、深度要便于后期处理调整。并且，调整过程中，字样笔画之间的比例和相对位置不能改变。

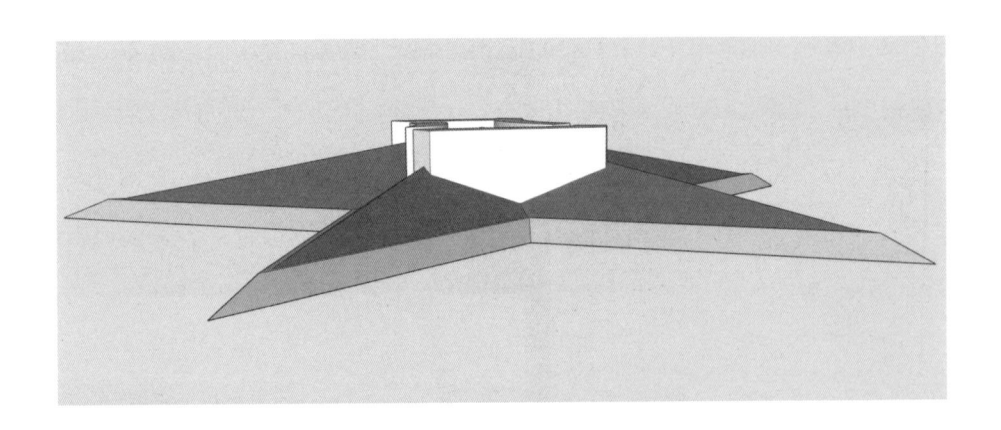

学生作品选：

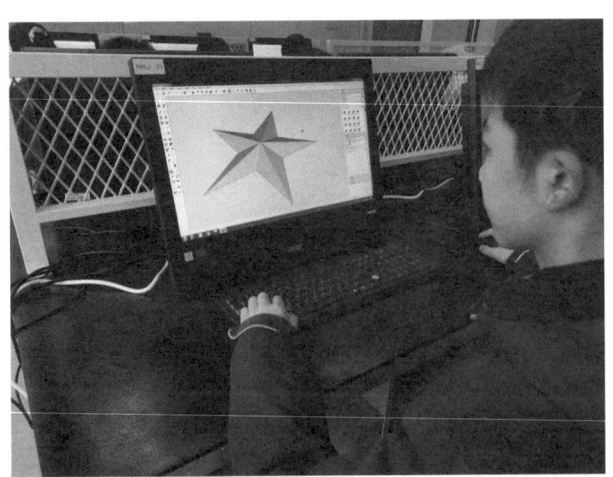

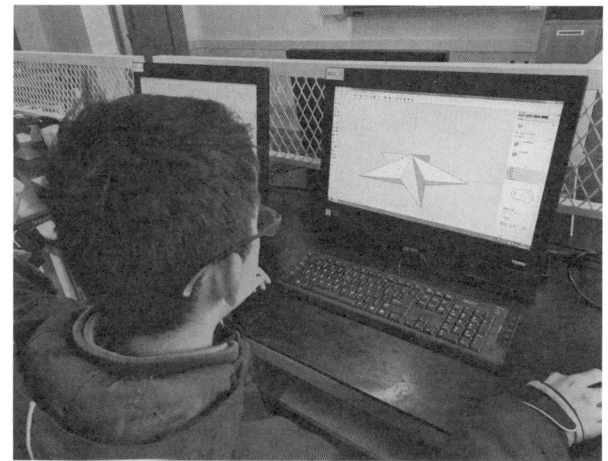

我们以一个常见结构的建立为主线。强调思维迁移与过程创意。从实际例子的多角度、多维度出发，让学习者对"殊途同归"的观念做项目化的体验。以学生探究为主，教师启发、示例为辅。重实践、重创意、重思维。以现阶段流行的建模软件为依托，紧抓结构的几何特征。

之前的课程中，有实物搭建环节。学生对板件的空间关系有一定的感性体验。从经验到理论的升华与过渡，需要提取主要环节加以思考和总结。所以在内容安排上，将实做安排在前，建模安排在后，便于在探索中调用先前的经验与认识。

本课为今后的"参数化建模"做了一个铺垫。帮助学习者搭建了一条连接理论和实践的便捷、安全、高效的桥梁。

当然，方法不唯一。方法间也可以相互组合，分步运用。我们不能为了用某种方法而用，要奔着目的去，建模才是目的。

八 两种常见的桁架

在此之前，我们构建的图形，都是注重外观。对尺寸，并没有严格的界定。（四棱锥建模过程中要求了尺寸，较简单）但制作实物的时候，不论大小，都会有确定的长短、角度。这样，就要求我们在建模的时候，必须考虑模型的几何参数。另外，当我们开始关注参数后，我们会明显地感到模型会变得更加精确，有说服力，有表现力。与此同时，建模的难度也会大幅攀升。我们需要考虑的问题更多了，更具体了。

有时候，受制于参数的限制，我们建模的思路会受到影响甚至于全盘否定推倒重来。但是，慢慢地你就会发现，精确的模型因为省略了很多不确定关系，反而会在变更时更有优势。

这一次，我们是用电脑先行设计。基本上就能看出最终形态来了。接着，我们用真实的材料把它们做出来。就用我们之前做八角徽的桐木条。

来体验一把做设计师的感觉。

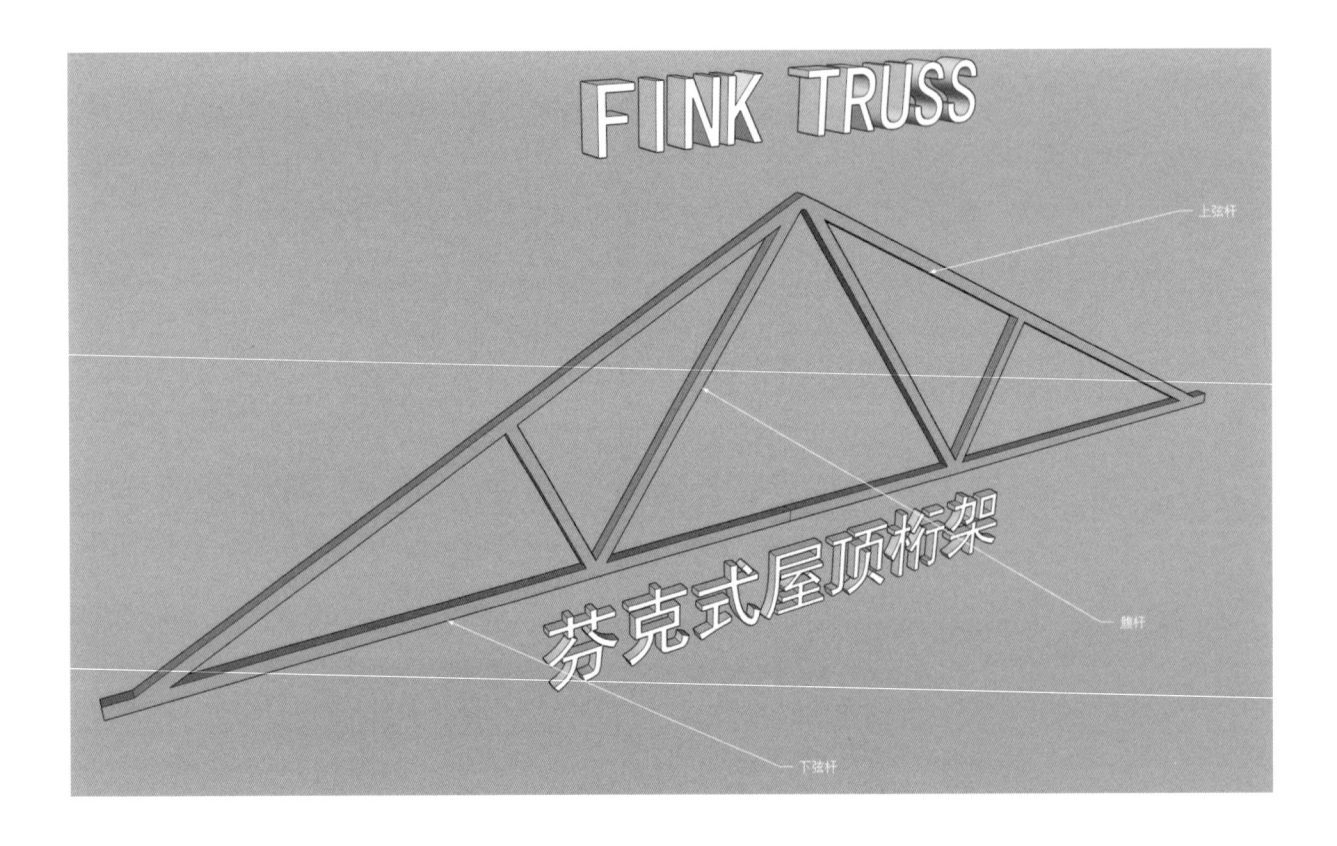

八 两种常见的桁架

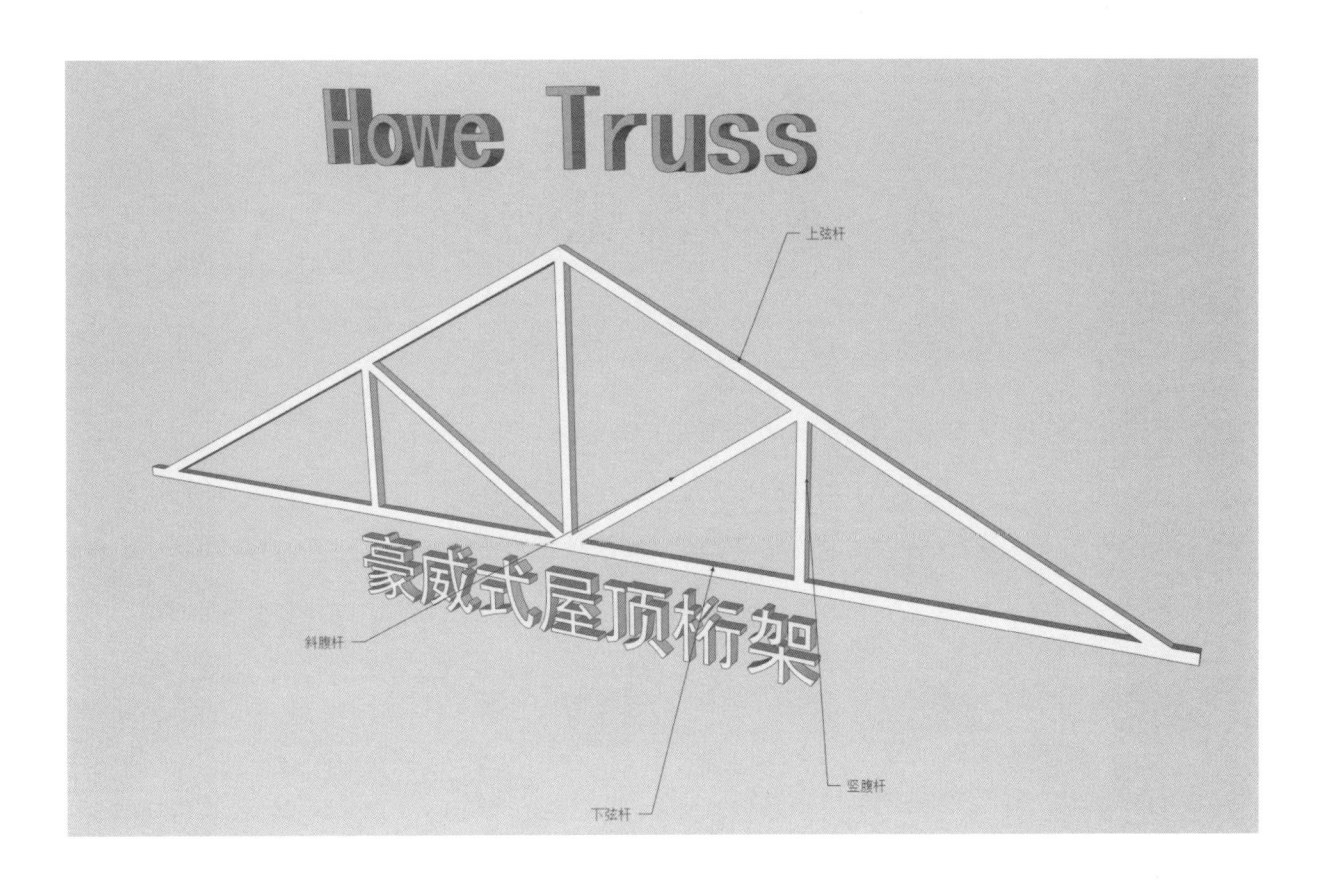

生活中我们会发现有些小型的厂房、平房的顶部是尖的，也就是坡屋顶。走进内部不难发现屋顶的里面有一些"骨架"，这些骨架支撑着屋顶连接着墙体，呈现出一系列大小不一的三角形，有的用金属制成有些用木材建造。这是典型的桁架，就是一种用来承受力的作用的杆件结构。不仅仅用在屋顶，你看建筑工地上的塔吊主体，商场门口做活动用的花车展棚的骨架等都属于桁架。现在我们就来设计并制作两种常见的用于屋顶的桁架。

有了之前的经验，我们就能快速绘制今天的模型了。思路有两个：绘制平面轮廓后拉起；绘制杆件后拼接。

第一个思路在本例中操作起来显得很容易也很自然。因为从侧面看过去，是个平面，类似于之前的姓名牌。完全可以只考虑二维的尺寸问题，推拉时，按着材料厚度进行就可以。没错！这样完全可行。我们就不再赘述，相信你一定可以顺利完成。

思路二呢？我们实际制作时，使用的是8mm×8mm的桐木条。那么，建模时，我们也可以先推拉出相同尺寸的杆件，然后按几何关系拼接。理论上来看"复制、移动、旋转"命令就足够了。好的，你完全可以这样进行，大胆地按照你的想法去实施吧！看看会遇到哪些问题？

创意结构设计——建模与制作

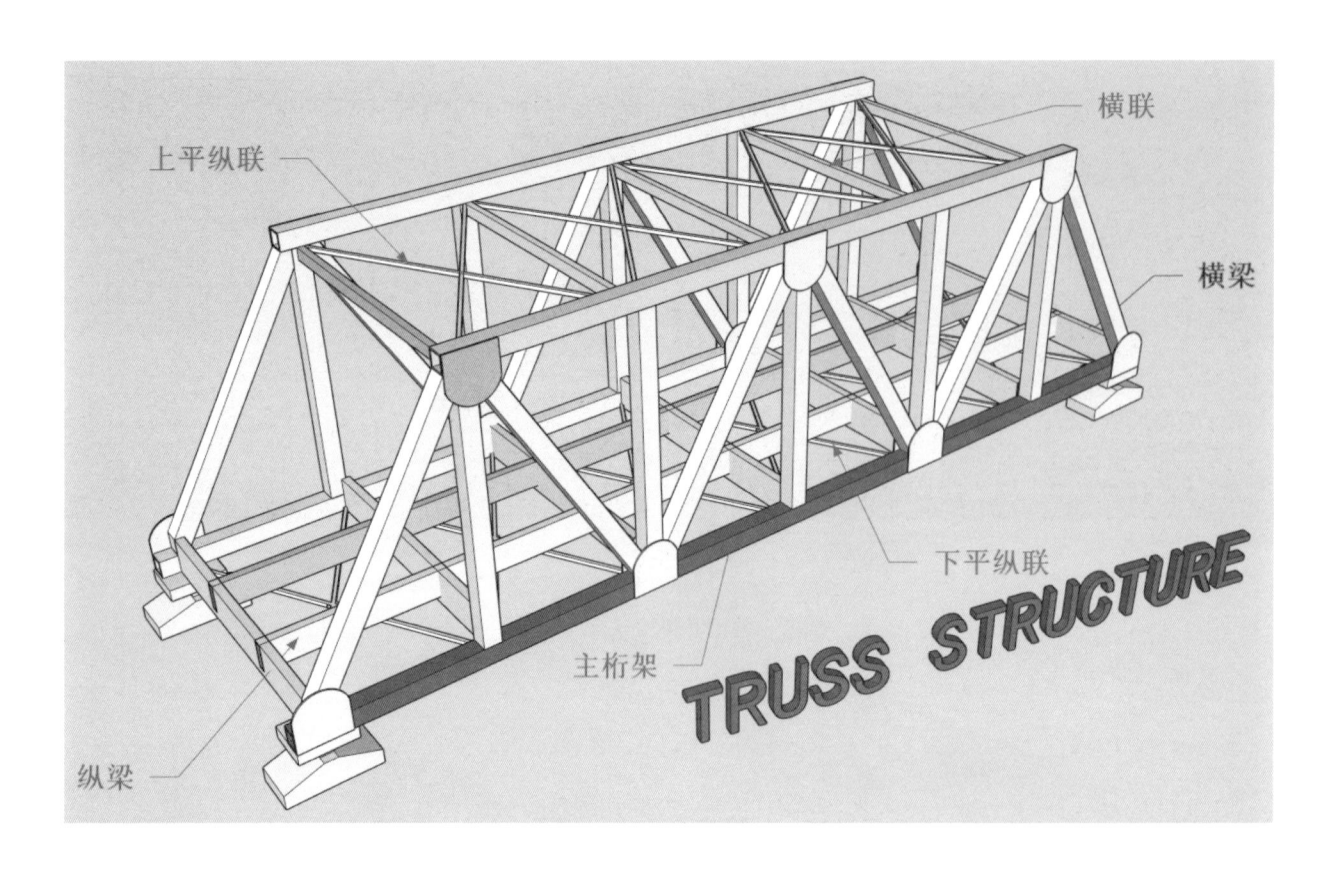

(图：桥桁架结构示意图，标注：横联、上平纵联、横梁、下平纵联、主桁架、纵梁，TRUSS STRUCTURE)

建模时，有些"零部件"我们需要反复调用。但是，在移动和旋转的过程中，一不小心就会破坏它的形态，这时我们希望把它"打包"成一个整体。这个功能叫"组件"，绘制好一根杆件后，全部选定，单击鼠标右键，选择"创建组件"然后输入名称就可以。这样，这个杆件就被看作成一个独立的个体。如果要编辑，只有双击它才能进行改动。一般的复制和移动都不会影响它的原有形态。并且，当我们修改它时，复制出来的杆件就会随之变动。这样就节约了大量的时间和精力，不用一一改动，提高了效率。细心的读者会发现，单击右键时有个"创建群组"，群组和组件有什么区别呢？它们还是有很多不同，满足建模过程中的不同需求而创设的。我们这里用"组件"就可以了。

好了，用上面的方法，我们基本上可以绘制出大多数桁架。上图就是一个典型的桥桁架结构。虽然显得比较复杂，但是方法大同小异。把握好关键尺寸后，调用移动复制命令和缩放命令，将相同尺寸的杆件快速复制。将对称关系的杆件绘制出来，然后拼装。如果你有足够的耐心和时间，你可以把细节处理得更加完美。这样，整个模型就和实际物品更加接近，契合度自然也就更高。

组件既可以是一根杆件，也可以是一组"基本结构"，比如桥梁桁架里的一个三角形支撑等，灵活选取组件，后续的建模就会方便得多。所以较复杂的模型在建立之初，应该先行思考，做什么样的切割和分解，用怎样的组合来构建，等等。

这里我们要补充一句。我们只是用建模软件把桁架的形态绘制出来了，并没有从工程的角度去检验和审视。比如说桁架的受力、荷载的分布。包括上述的桥桁架，也是将已有的结构进行了建模。

所以，这只是完成了设计的一个环节。或者说由于我们目前知识掌握水平的限制，我们更多的只是关注结构外观的描述和建模。将来，等我们具备了相应的技能和水平，我们就不只会绘制结构外形了，包括受力、材料、工艺等一系列具体的问题也会考虑进来。

建模完毕后，就比照着三维图纸着手建造吧！方法，在八角徽制作中就已详细讲述了。希望你在搭接的时候能采用"碰角"工艺，不断提高美观度和强度。请看学生们制作的成品（上图）。

我们再来看看生活中真实的案例：这是南开中学津南村改造时搭建好的木屋架。杆件之间用扒钉固定，空间被分割成若干三角形，提高了稳定度。完成后需要借助吊车吊装复位。

九 开始设计家具

是不是说我们掌握了基本几何体的画法就能轻松地开启建模之旅，从此出神入化一路开挂了呢？实际情况很可能是面对问题时会一筹莫展。那是不是说之前的内容都白学了呢？

这个问题，会在我们的课程中时不时出现。

这样说吧！你认识每一个汉字，是不是意味着就能读懂整篇文章呢？你能写字，是否就意味着你能写出鸿篇巨著，成为一代文豪呢？反过来说，不能成为文豪，只是有不会写的字吗？如果是这样，有了字典不就可以了吗？

看来，问题远没有这么简单。是的，大文豪的旷世巨著也是一个一个的文字组合而来的。但是这样的组合不是简单的堆砌，是对生活有超出常人的洞察，是对世界有远高于世人的领悟，是思想的表达是智慧的呈现。

写字，只是一个外在表现，是成就巨著的必要非充分条件。

同理，当你掌握了基本几何体的构建方法，到灵活运用，合理组合之间还有很长的路要走。这很正常，把基本的元素组合的过程本身就是十分重要的环节。"九层之台，起于垒土"，因此，之前的内容是基础，是准备，就是这里的"垒土"。

今天，我们的内容就不再是一个个独立的几何体，而是开始体验组合的过程。

请看下图，这是一个茶几，纯榫卯结构。从建模的角度来看，应该如何完成呢？

比如说榫眼的孔位，必须和支架合装后的榫头严格对正，否则几面部分就无法顺利安装。

有了"组件配合"的思维，我们就能较为便利地去处理一些几何关系相互牵制的复杂结构了。那么生活中常见的桌椅、箱柜、架台等家具器物的建模只需要将基础部件稍加变更就能顺利完成了。我们是以榫卯结构作为例子，那么，板式结构的家具建模就显得容易多了。有些专业的家具设计师就是用 sketchup 来设计板式家具的。所以，你不用怀疑这个建模软件的"能量"。细心的读者会发现，网络上存有丰富的"插件"。是的，如果调用，功能会得到扩展和加强。这里我们就不去一一介绍，本书里所用的是未增补任何插件的"原软件"。我们更加关注建模思想的启发和建立。3D 建模涵盖了十分繁多的门类，将来当你在某个领域完成某个特定建模时，一般而言都会有专门的建模软件。有了基本思路和理念，就能触类旁通，再去学习新的工具就会变得轻松且迅速了。

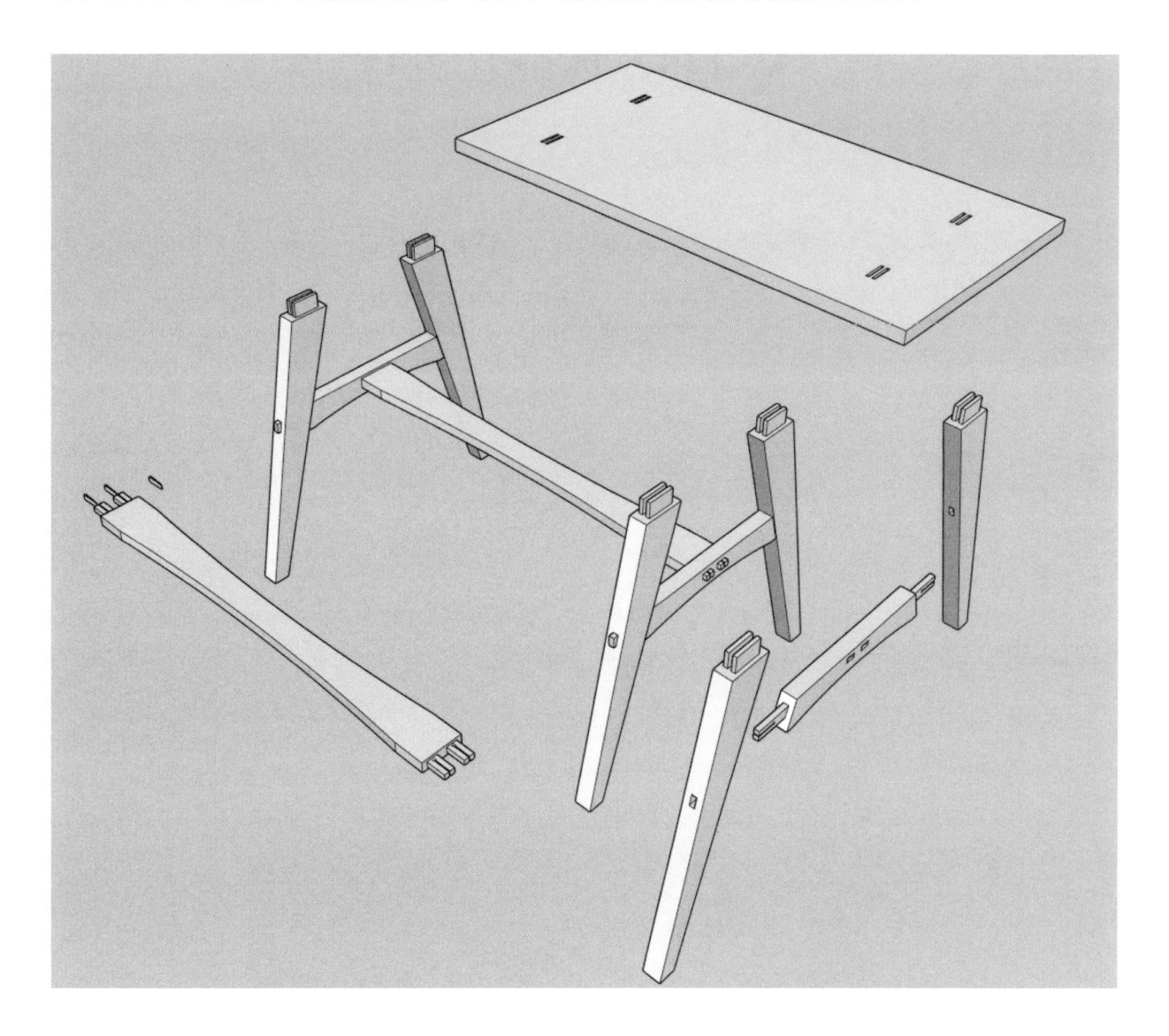

十　试着让家具更加智能

如果我们将建好的结构同其他设施结合起来，就能提供更多的功用。当然，这就意味着我们必须掌握更多的技能。所以在这一部分里，我们着重提供和展示一种思路。以一个实际作品为例，来看看普通的家具结构是如何变得智能化的。这里面涉及一些电子线路和编程方面的技术。虽然要达到运用水准需要专门学习，但是这并不会妨碍我们去理解结构的设计与制作思路。我们使用的这些线路器件，不论硬件还是软件，都有特别丰富的资源。学习起来也有非常可观的教程。所以在本书中，我们就不单独详细讲述，主要关注结构功能的实现与制作思路。

这是一个看似普通的衣柜。但是它可以感知内部衣物的存储情况，并且实时读取所在地的温度和湿度，而且还能上网同步天气预报，并且将柜内的衣物数量种类都在面板的显示屏上显示出来，并推送到手机端，当你打开柜门时，它能给你一个穿衣推荐。

这就是"智能交互式服装存储柜"，我们带领着中学生一步一步从结构到编程做出来的一个真实作品。当然，它预留了丰富的接口，可以进行深度开发。

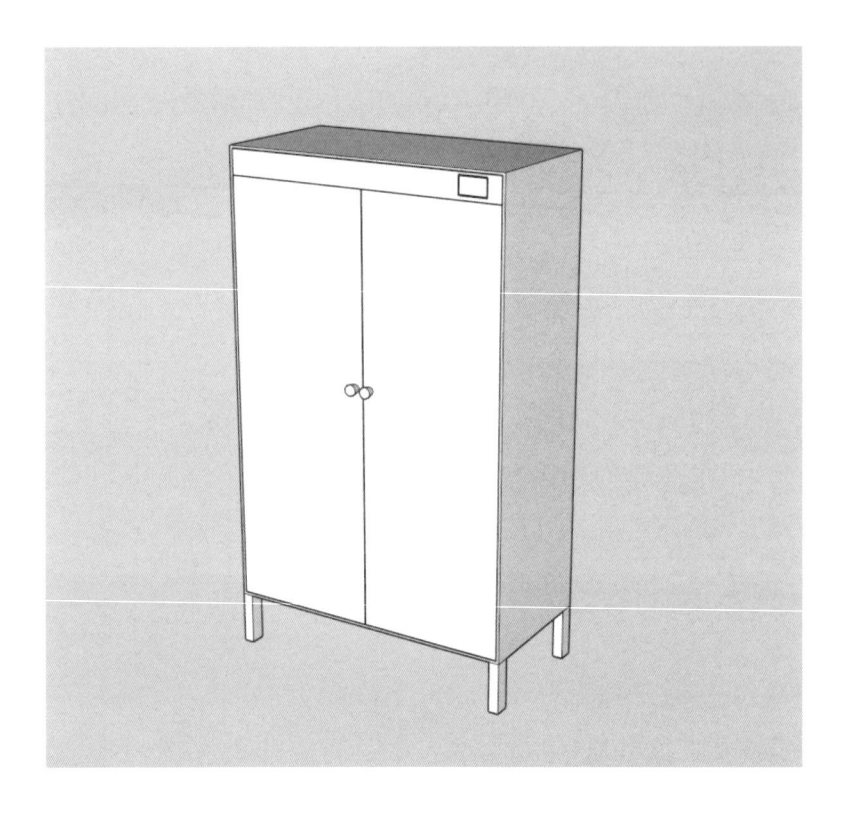

该存储柜采用可拆卸框架式结构，综合运用了 3D 打印、激光切割等最新造型技术。存储功能可灵活调节。内嵌 MCU 主控模块。结合传感器，可实时采集环境温度、柜内衣物的种类与数量并在柜体外显示。可检测柜门开闭，并实现随动照明。预留丰富的功能接口，可做进一步开发，便于生活数据的网络上传，和移动终端的智能互联。

柜体内部各功能部件分布如下图所示：

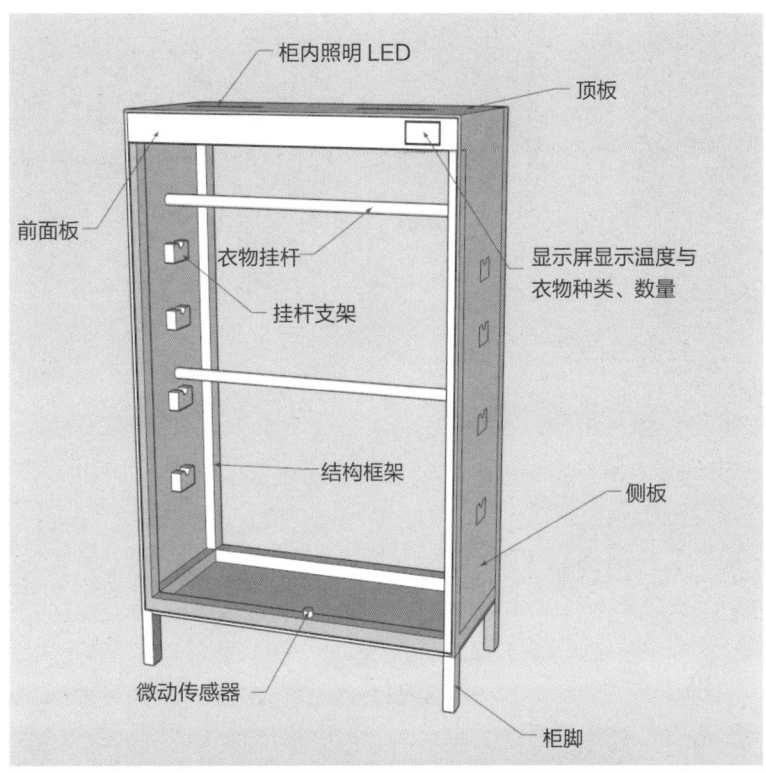

衣物挂杆可随衣物种类，根据需要上下调节挂于不同的挂架上。挂杆内设置数字压力传感器，当有衣架挂于上方时，能可靠触发，信号被 MCU 读取并记录，随后向 LCD 显示屏发出指令，将剩余衣物的数量显示出来，使用者无须开门便可查看柜内存储情况。挂杆中空，内置束线。依次排列多个挂槽，传感器安装于挂槽内部，上方可挂放衣物。

挂杆与压力传感器局部详图如下：

挂槽下部，紧贴压力传感器设有对应的 LED，当衣服正确挂起时，会亮起指示。此 LED 也可以设置为衣物拿起后亮起，便于使用者寻找挂槽位置。

在柜体下方，设置有微动传感器，当柜门开启时，传感器被触发，MCU 读取信号后发出指令，开启柜体顶部的 LED 照明，便于使用者选择衣物。

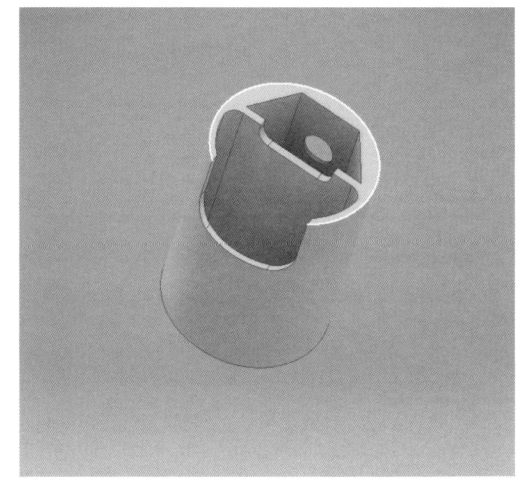

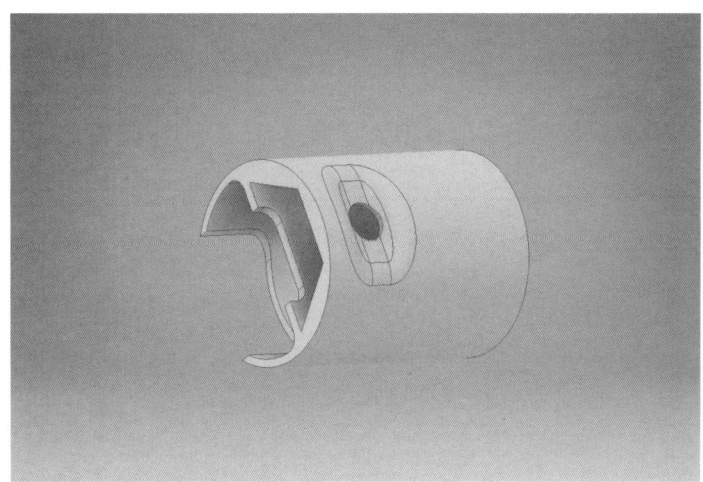

衣架用 3D 打印制作，建模图纸如下：

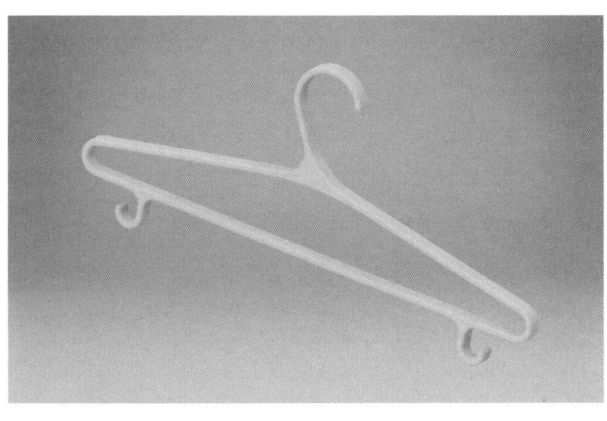

柜体框架结构图：

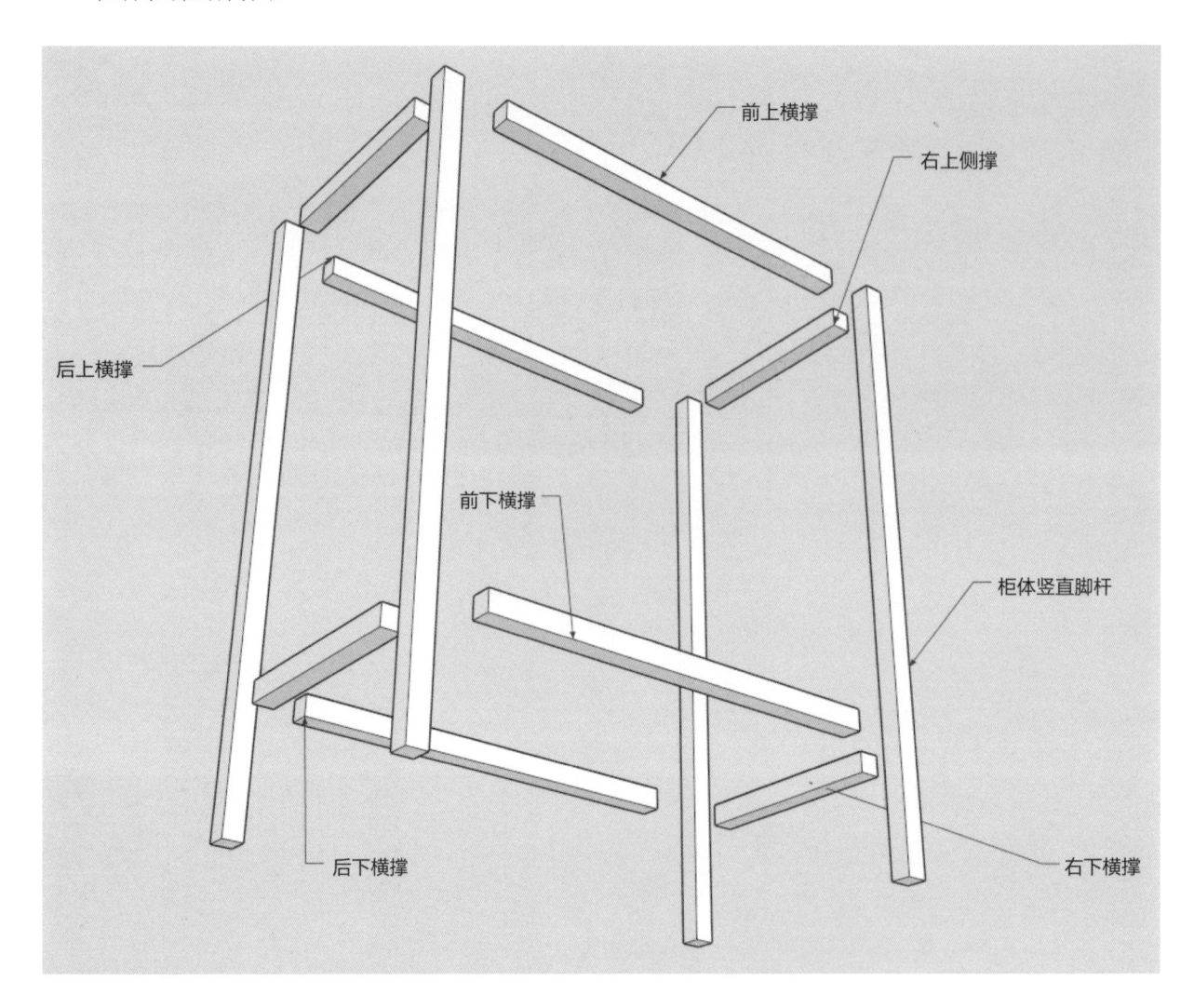

柜体框架用 30cm×30cm 松木条制成，在杆件连接处预打孔，安装 50mm×4mm 自攻木螺钉。拆解与安装时，均不会对结构件产生损坏。

下图是制作完成后的柜体框架：

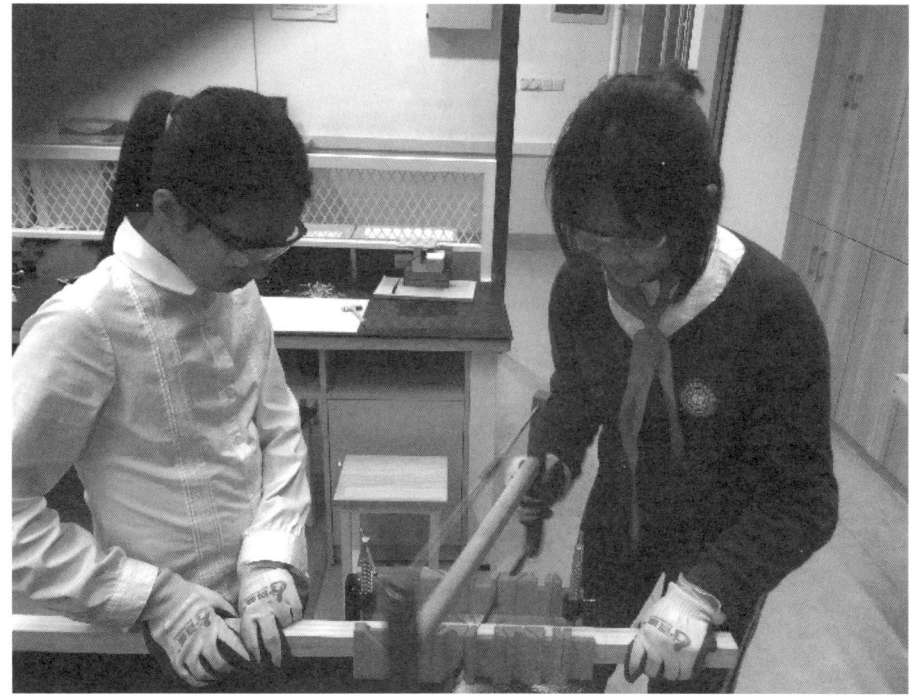

柜体侧板、背板、顶板、底板均为 5mm 多层实木板，激光切割而成。边缘预留安装孔，用自攻螺钉与框架结合。安装后进一步提高了柜体的强度。

柜体板件设计图纸如下：

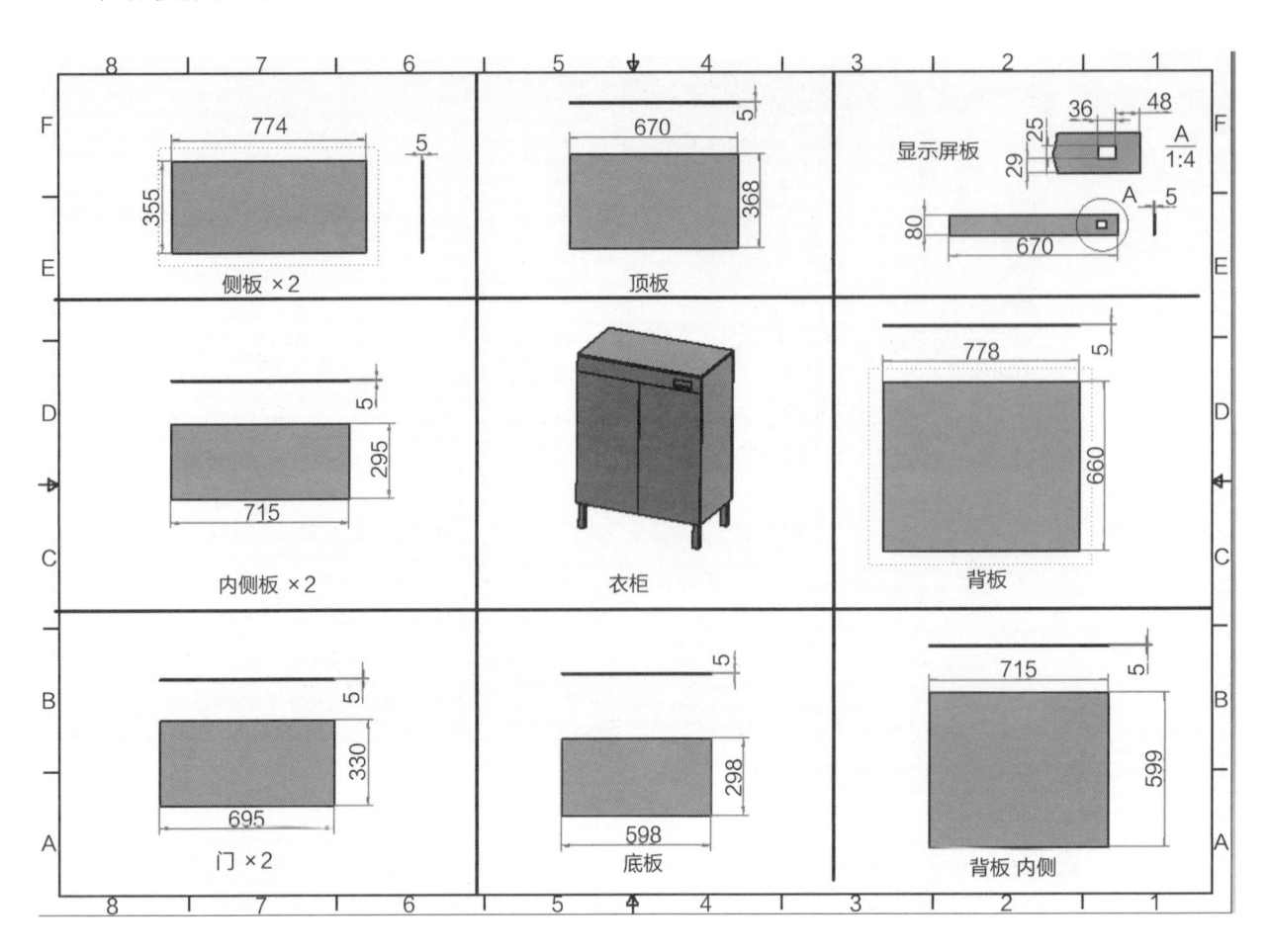

柜门用 5mm 多层实木板激光切割而成。门用铰链用 3D 打印制成。

建模图纸如下：

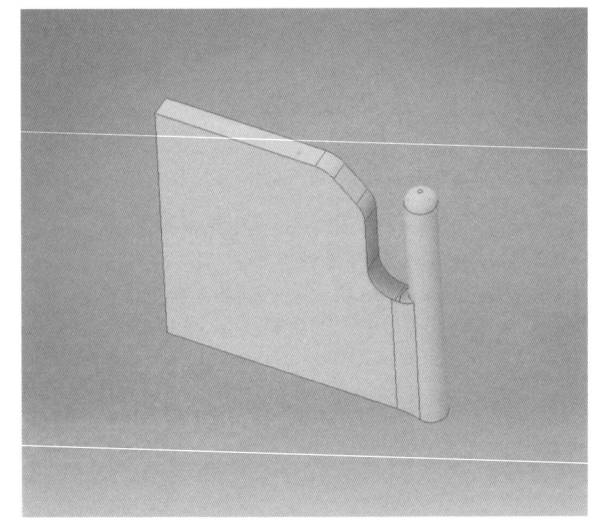

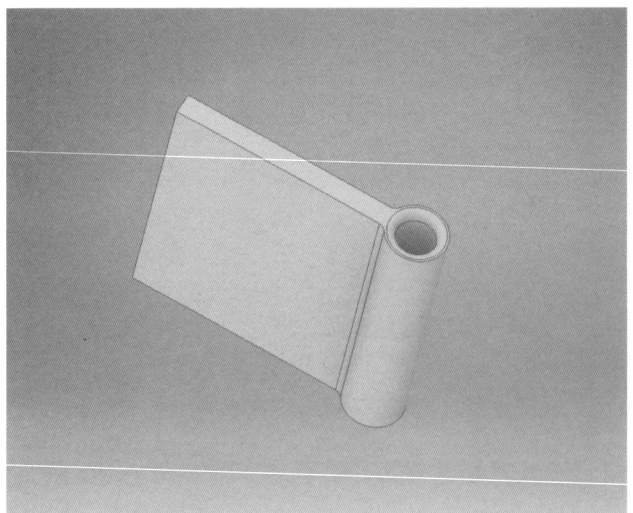

门把手由3D打印获得：

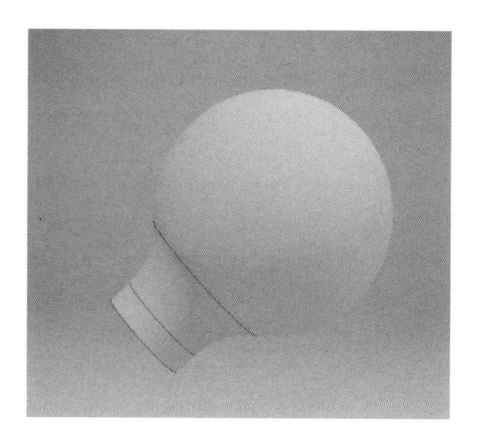

柜体电路，隐藏于底板下方。由18650电池组供电。MCU为Arduino开源控制板。工作原理图如下：

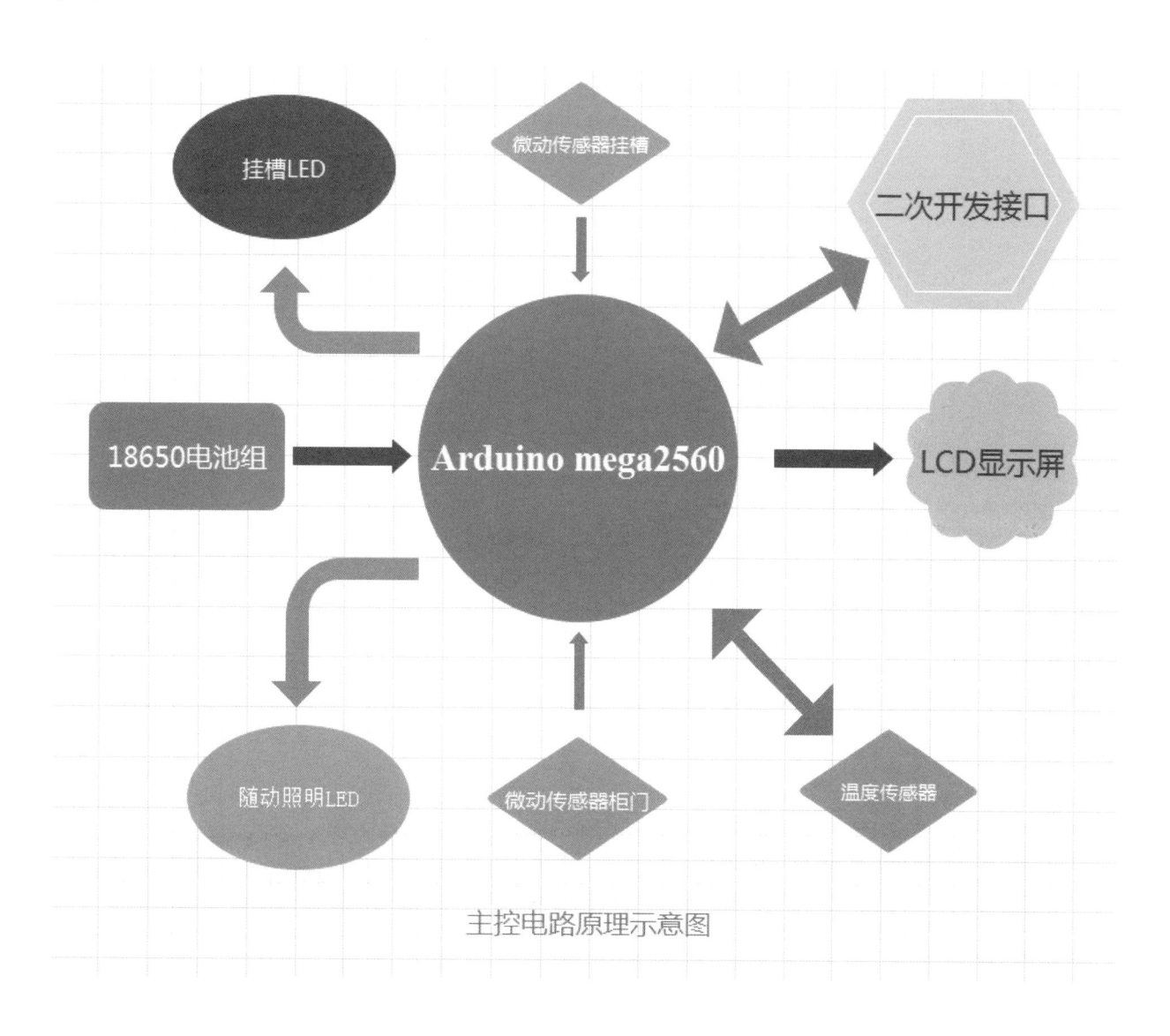

主控电路原理示意图

挂杆内部的传感器电路采用NPN型BJT搭建成典型的开关电路。该电路结构简单，工作稳定可靠，抗干扰与抗误触发能力强，既可以给MCU发送电平信号，又能单独驱动发光管。引导使用者快速找到挂槽。电路在焊接前在面包板上试运行，待电路各参数均合适后再定型。传感器部分用面包板焊接后，用热熔胶密封于挂杆内。

主控电路部分的实物图：

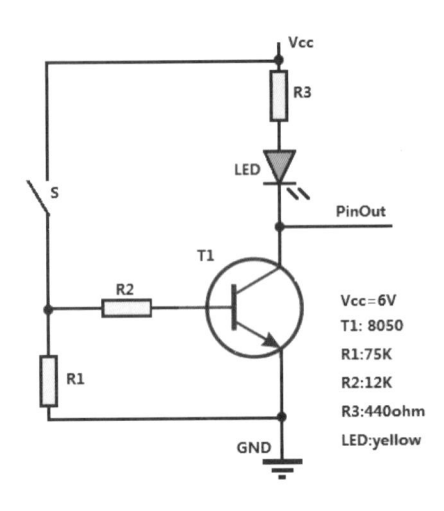

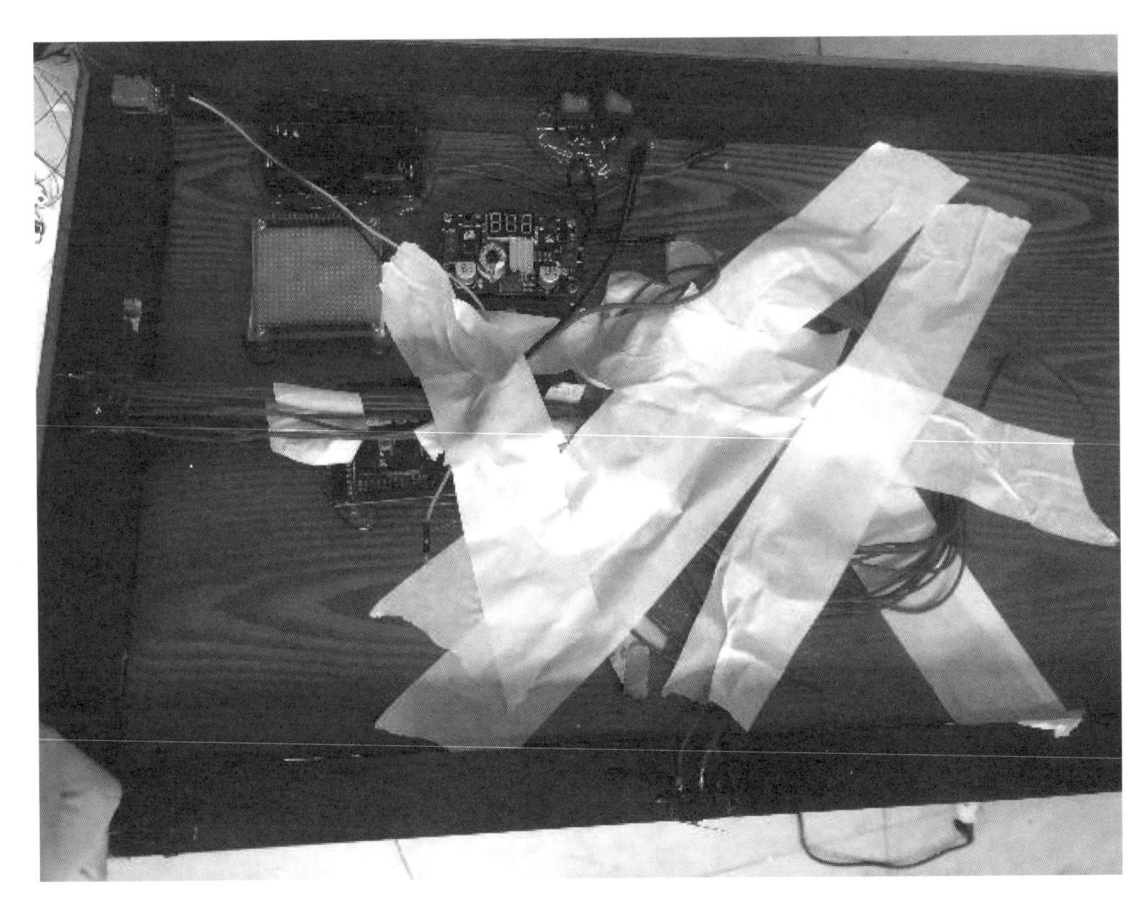

我们看到，结合微处理器和传感器后，原本普通的衣柜拥有了更多的功能。当然这是一个系统和复杂的变换过程。很多电学基础知识绝不是三言两语就可以讲授完的。不过，技术的发展和进步为我们提供了更广阔的表达创意的空间。

如果你只是从应用的角度，构建普通的功能，那么完全可以把这些微处理器模块化处理。仔细看一看数据手册，按需求使用功能模块搭接起来就可以了。很多底层问题，厂家工程师都已经给你整体封装处理过了。简单来说，使用这些成熟的电路模块正在变得越来越容易。结构的智能化也是趋势。很多时候，从结构的角度很难实现的功能，在电路层面却变得简单。所以我希望你能对这些方面的动向有所了解。

这个案例当中，我们使用的 arduino 控制板，是目前较为流行的控制板中的一种，它的优势在于，网上有很多非常丰富的代码包和解决方案，如果你想自学，资源也很容易找寻。比较适合于非理工类专业、喜欢动手实践的人群。

十一 我们来布置房间吧

今天，我们所作的建模有点不同。我们不再关注单个物件的构成，而是来"摆放"它们。我在意的是空间的布局。

你有没有经常布置自己的房间呢？把书桌的位置挪一挪，把桌子换个地方，或者家里的新房，你想给出装修装饰的建议？这些，建模软件都能在电脑上帮我演示出来。而且sketchup软件自带了许多素材，其中就有关于家居住宅的组件。我们可以建立一个房间，直接调用组件按照自己的想法来布置属于自己的房间。

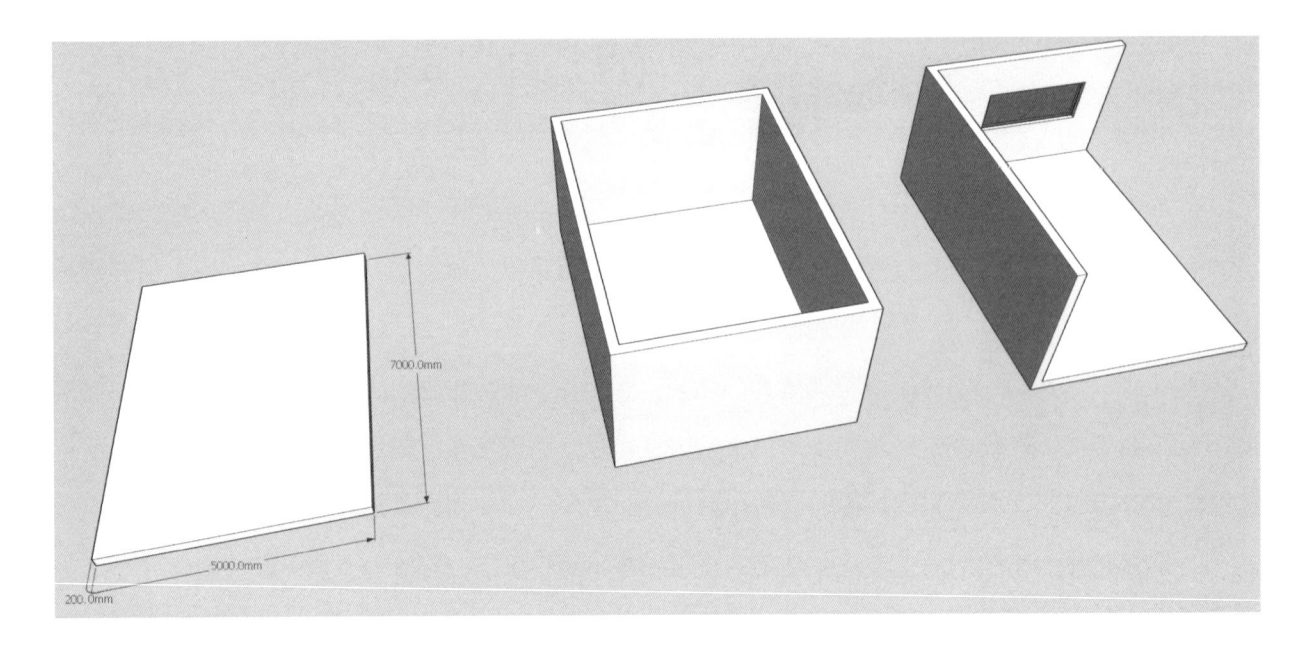

我们在平面上创建一个7000mm×5000mm的长方形这是一个房间的长和宽。推拉至200mm厚，这个大约等于现浇混凝土楼板的厚度。完成后，我们在表面上偏移出来一个小一些的长方形。偏移量也取200。然后我们把形成的环形长方框推拉起来得到四面的墙体。墙高取3m也就是3000mm，这样我们就得到一个类似盒子的几何体。是一个没有盖子的房屋空间：面积35m²，净空高度3m，这是一个比较宽敞的房间了。接下来我们拆去两堵墙，这样便于随时观察房间内部布局。

这个房间不够通透，那就设置一扇窗户吧。

之前，我们更像是在制作一个零件、一个物品。今天我们直接调用这些零件和物品。这也是建模的一种思路。一般来说，不同的建模软件，会有针对性的给出很多常用的"素材库"。也可以根据自己的习惯和需要来建立自己的素材库，因为有时候我们始终对别人建立的模型不太满意，更喜欢个性化的，符合自己预期的作品。比如前几次我们建立的桌椅板凳，都可以保存下来，逐渐就会形成自己特有的素材库了。

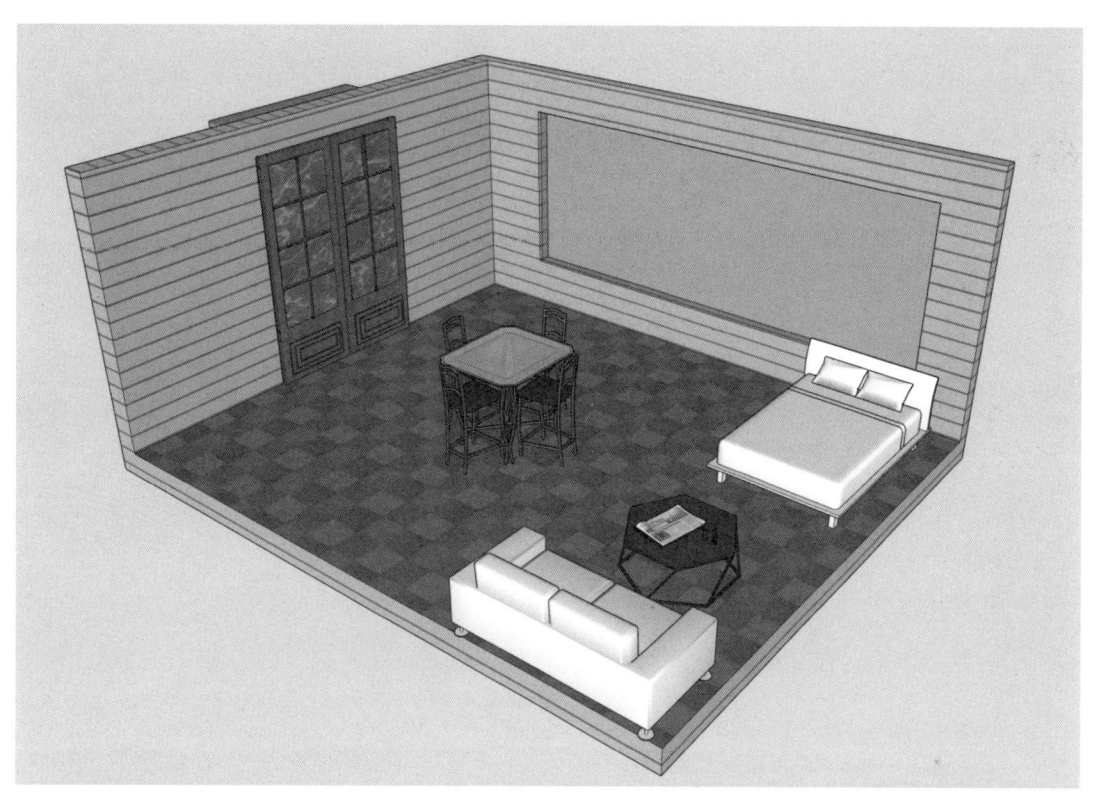

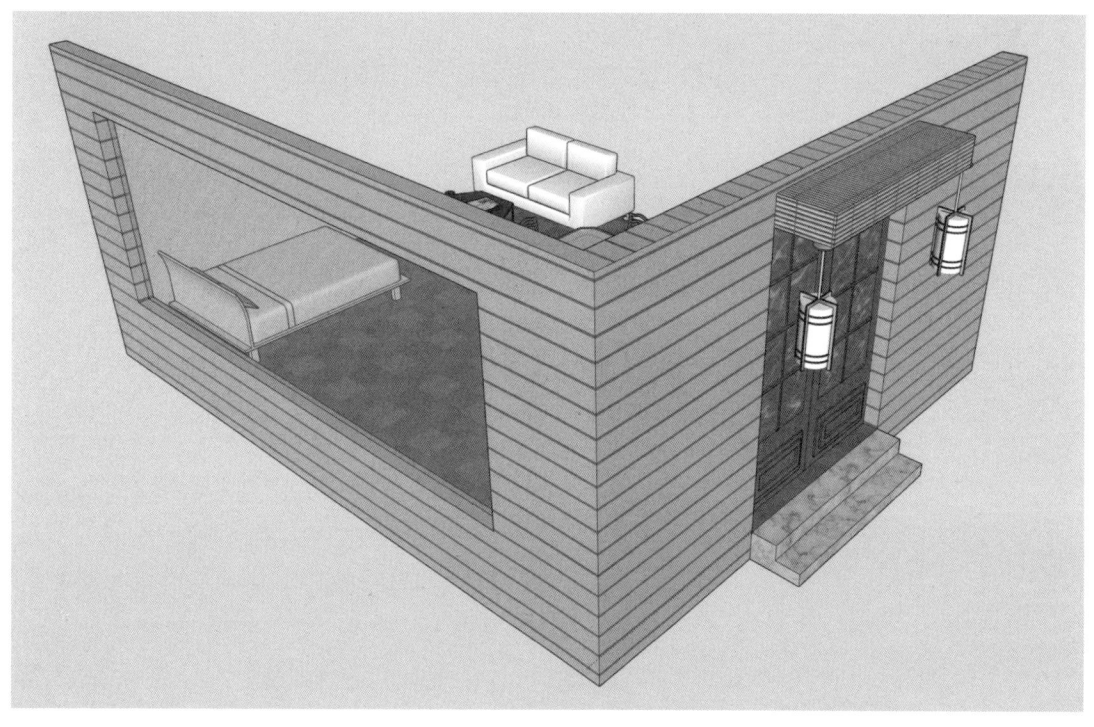

一个房间内的摆设就这样完成了，你可以在右侧的窗口里找到材料选项卡，点选自己喜欢的颜色来涂装房间的墙壁和地板，不同的材质也可以自由搭配。当然了，这里我们暂时不用去考虑结构的受力，只是对外观进行涂抹。

来吧，我们也可以加个阁楼，带个花园，再挖个泳池吧。

只要有心，就可以进一步完善房间的功能布局，美化人居环境。以后，在室内摆设，或者家居装修的过程中，你完全可以用今天的方式来记录和表达你的设计思路，用立体的图形来和家人、施工方交流沟通。这样效率将会更高，表达也会更加准确。

十二　做个小木屋

　　有了家具，有了布置。接下来应该有所房子吧！这所房子应该天马行空、不拘常形。里面承载的应该是我们的梦想。梦想还是要有，万一实现了呢？曾恒一院士前不久在参观母校时说起，他学生时代就是南开船模社的成员，下课了就用小刀木块来捣鼓船模。没承想后来成为了世界级的专家，设计建造了我国第一座海上石油钻井平台。

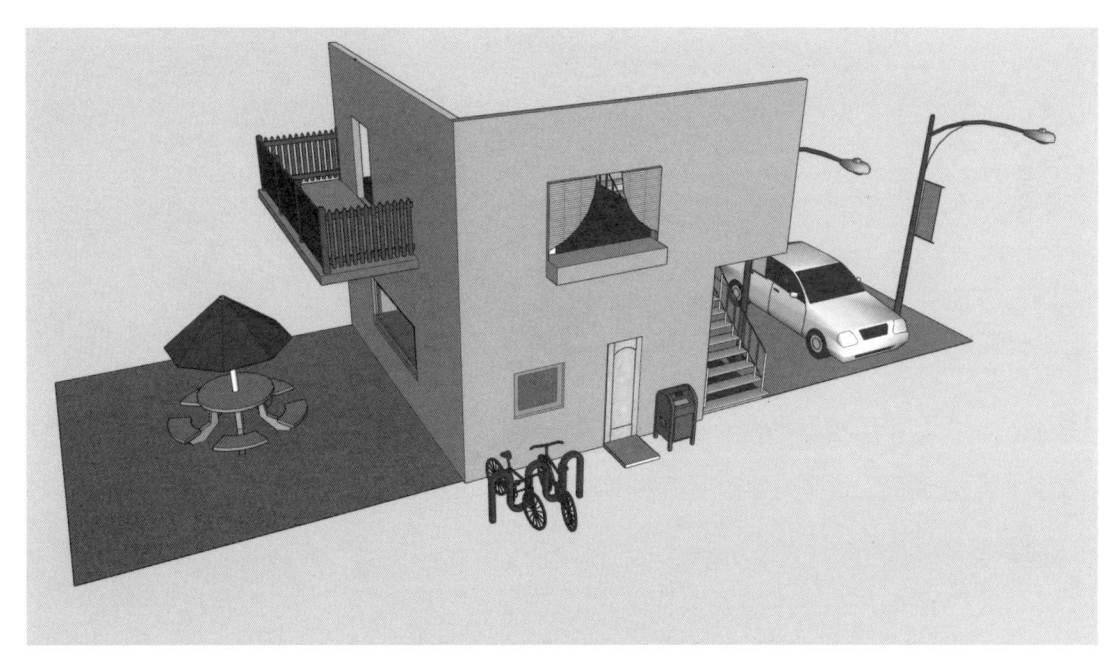

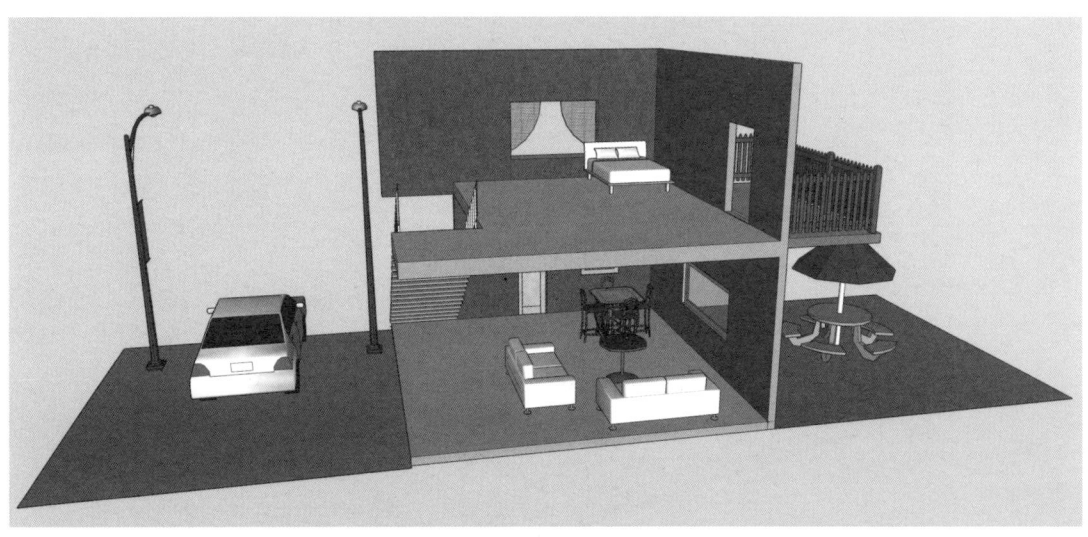

但是这一次我们和设计家具时有所不同。设计家具的时候，部件之间的几何关系大都已知。拼合的结果，我们都能预先有所构象。这次，有些几何关系还不太明确，有待验证，我们把建模过程当作一次实验，就是看看我们的想法是否合理，如果需要改动，我们就在电脑上改。

首先我们来看一个普通平房的框架结构图：

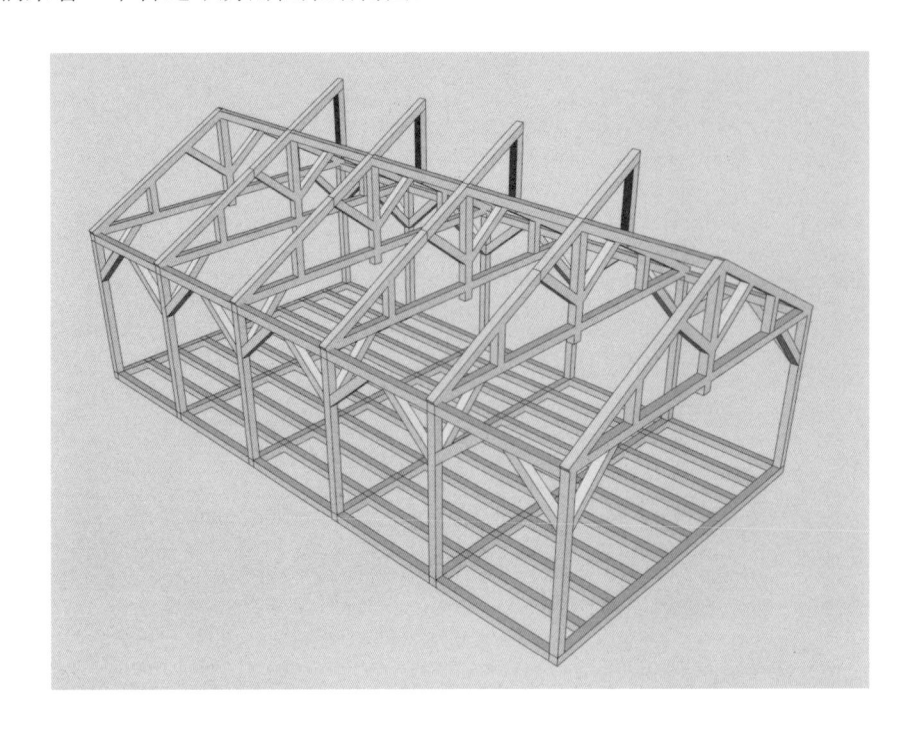

不难看出，在这个结构里我们可以找出很多"桁架"，特别是屋顶部分，和我们之前制作过的屋顶桁架结构十分类似。按照一定的间距排列连接起来，用杆件支撑。竖向的立柱高度可以决定屋内空间，地面部分就是阵列排布的矩形。

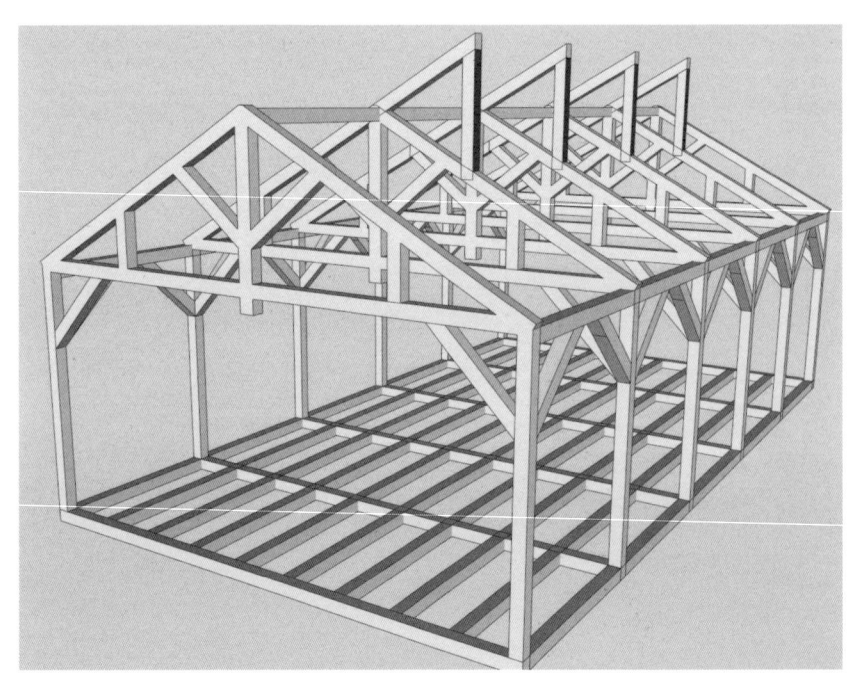

我相信，有了之前项目的经验和技能，这个房屋结构不论从建模还是制作的角度来看，应该不会有太大的问题。可以分解成前述项目后组合而成。

那么，这一次我们引入一个什么样的问题呢？

现实中，房屋仅有框架还不行，必须有墙体。所以我们今天重点关注一下墙体的建模，当然，依旧和房屋结构紧密相关。首先我们来看一张图片：

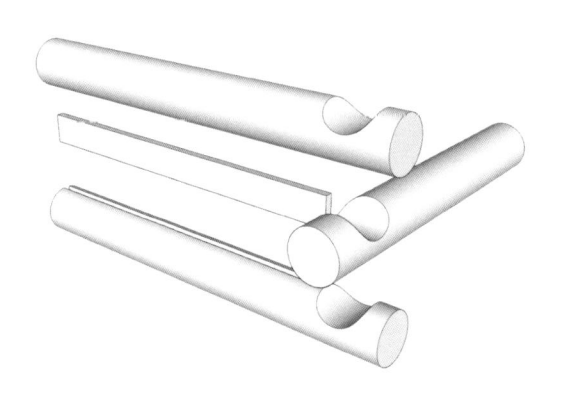

这种木头房子叫"木刻楞"，也叫"木楞房"，是一种在高纬度地区比较常见的木质建筑结构。它的墙体部分是由一根一根的长木方堆叠起来的，请注意看它们的接头部分，分别伸出来一截，看上去像相互交叉的手指。

长木方有方形的也有圆形的。那么，在这一章里，我们着重来讲述木刻楞交接处的建模方法。建模一旦完成，制作也就相对简单了。

首先以圆木为例。如果直接把原木叠放起来，一则不稳固，原木会很容易发生滚动。二来，间隙太大，无法形成墙体。实际上在接头处，都会挖一个"凹槽"，让它刚好能承接上方与之垂直的横向原木。那么从建模的角度来看，这个凹槽应该怎么绘制呢？

直接用"推拉"工具显然行不通。原木的表面是圆柱形不是平面。今天我们来尝试一种新的建模工具：实体工具。（工具 - 实体工具，为了便于调用，鼠标放于工具栏空白处单击右键将"实体工具"勾选）

首先我们画出一根原木。绘制圆推拉成体。切记！接下来将这个圆柱生成"组件"，之前的项目中我们用过，相当于把这个部分打包成为了一个整体，以便于快速复制调用，并且在移动和旋转过程中不会"散架"。如果对其中一个单体进行编辑后，所有复制出来的相同组件都会实时随之变化。这样在建模时会带来极大的便利。

这里，我们会对组件使用"实体工具"。先看例子：

将两个相互垂直的原木组件重叠交叉。移动间距，让彼此重合一小块。这个公共部分的小块就是我们需要挖去的。

然后点选"剪辑"，选择上方的圆柱后再选择下方的圆柱。接下来我们把上方的圆柱移开来观察。发现上面出现了一个完美的"凹槽"。

这个过程就相当于将第一个组件当作一把特别的"刀"，它会将公共部分从第二个组件中"挖走"。留下的凹槽就能和第一个组件严丝合缝地贴合。

怎么样？是不是觉得被打开了一扇奇特的大门？是的，实体工具有很多种，你可以逐一去试试。自然就会明白它们各自的特点和功能。最重要的是，它为我们建模特别是复杂形体的绘制提供了新的思路。可以用两个部分的"和差"等来实现增材和减材效果。结合前面常用的操作，很多不可思议的模型，也会变得轻而易举。接下来我们还会举出一些实例，用以展示实体工具的神奇之处，并进一步打开你的思路。

我们继续。解决了凹槽问题，圆木之间相互咬合，彼此制约，不会发生滚动。并且间隙也减小了许多。为了提高结构的稳固程度和隔断效果，同向排列的上下两根圆木间加入隔板。采用圆木底部开槽，隔板嵌入槽内的方式。同样，隔板的卡槽依然用实体工具中的"剪辑"来生成。

这样看起来是不是就和真实情况越来越接近了？当然，真实建造过程要具体复杂得多。在高寒地区，有些居民会利用原野上的苔藓和植物来堵塞圆木间的缝隙。为了提高咬合力，也会在接合处打入楔钉或者销钉。从建模的角度来看，只要足够的细心、耐心，按照之前的方法，都能把这些接合方式表达在模型上。这里就不赘述。

"实体工具"的优势远不止此。我们继续往前走一步。

有些木刻楞，搭建时使用的并不是圆木，而是方木。方木间的咬合看似简单实则更麻烦。方木不会滚动，槽口应该很好开啊？怎么会说更困难呢？

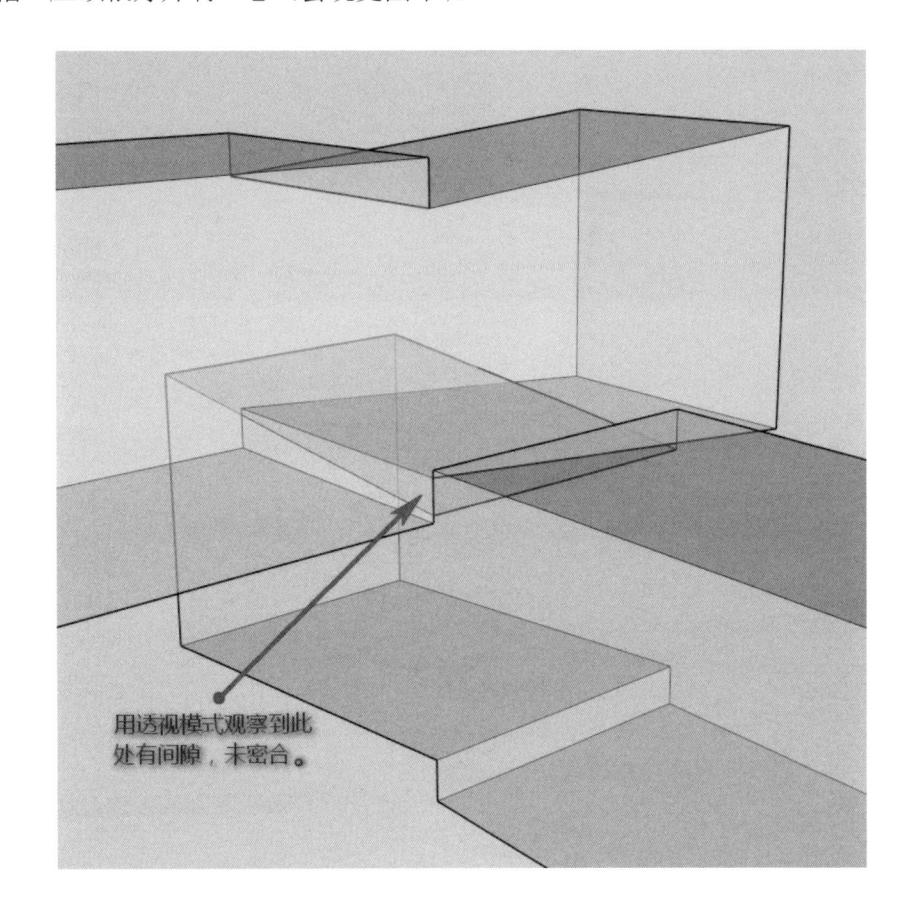

用透视模式观察到此处有间隙，未密合。

相互垂直的方木，需要把夹住自己的上下两根方木"拉住"，同样，上下的方木也要把它给拉住。这就提出来一个问题：方木缺口上必须要有一定的角度，这个角度要保证从横向和竖向上都无法被"拉脱位"，最终的墙体单元之间需要一定的自稳能力。所以这个角度必须朝两个方向都有坡度，建模时非常不好处理。如果只有一个方向的坡度，且不看稳固与否，相互交叉垂直搭接时，咬合面都无法密合。请看下面的例子：

所以，简单地将方木的端头推拉成倒置楔形还无法让杆间牢固搭接。也就是说，端头斜面的推进方向无法和主体上任何边线平行，这就是导致推拉命令无法直接使用了。请看下方建好的模型：

接触点

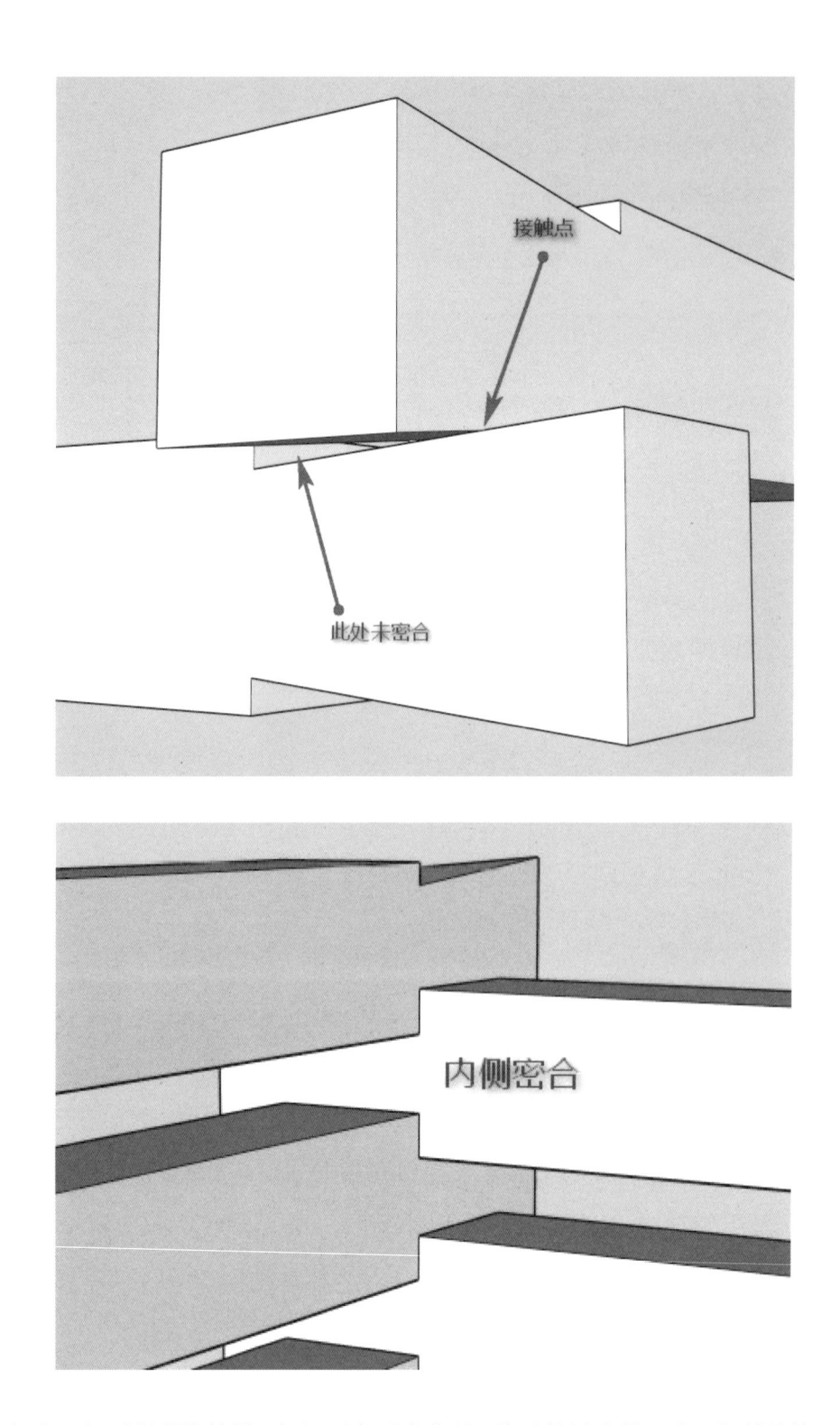

此处未密合

内侧密合

　　这是我们内心想要得到的结果。仔细观察不难发现：此时的端头是一个"复斜结构"，在纵向上，端头的斜面一方面形成外大内小的倒楔形，另外一方面在方木的横向上，也形成外大内小的倒楔形。这样一来，相互叠放的时候，就全方位密合了，并且相互约束，抗拉，结构十分稳定。那么这样的结构应该如何构建呢？

　　思路就沿用上述"剪辑"。只不过我们把关注点放在用于剪辑的这把特殊的刀上。只要控制好了刀的姿势，并灵活运用之前学过的技巧，其实就很容易。请看：

第一步，我们推拉出一个长方块。大小没有严格的界定，比方木稍大就行。

第二步，在长方块上推出一个5°的斜面。首先用量角器工具沿着一条棱边取5°的辅助线，然后用铅笔工具画线，最后擦去多余的部分。

第三步，将长方块沿着Z轴方向逆时针旋转5°，且生成组件。这样第二步中被推出来的斜面就有了复斜的效果了。可以认为沿X轴和Z轴都出现了5°的倾斜。这样一把特殊的刀就做好了，接下来准备材料。

第四步，推拉出一个"半方木"。将木方纵向一分为二。只取其中一块，并生成组件。注意实体工具只能用于组件之间。

第五步，用刀去切"半木方"。

第六步，点击切好的"半木方"用"缩放"命令做出半木方的"镜像"，这里要先复制，再对其中一个用"缩放"输入"-1"的方式。

最后，将镜像和原有的半木方，背靠背合并。用透视模式，将内部多余线面均擦除。这一点也很关键，后续在打孔和开槽时要再次用到剪辑。如果组件内部有残留线面，有时会使得命令失效。

好了，一个方木的端头就建好了。如果需要很多个就直接复制，长短可以双击组件后进入编辑模式，按需求推拉。至于开槽方法，就和圆木完全相同。这里就不再重复了。

我们还可以在相互交叠的部分自上而下打下"通孔"，然后插入销棒，这样相互的牵拉作用就更加显著了。整个结构的抗冲击能力也会大大增强。

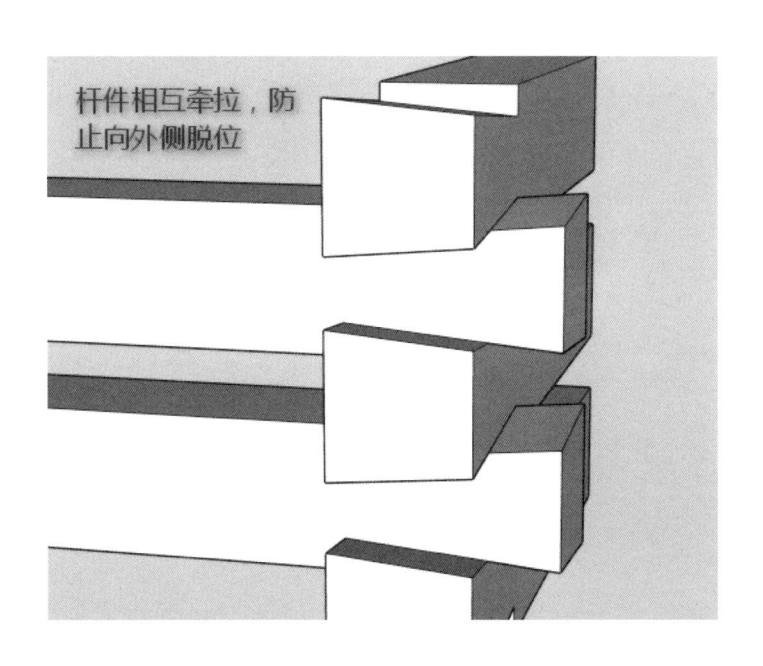

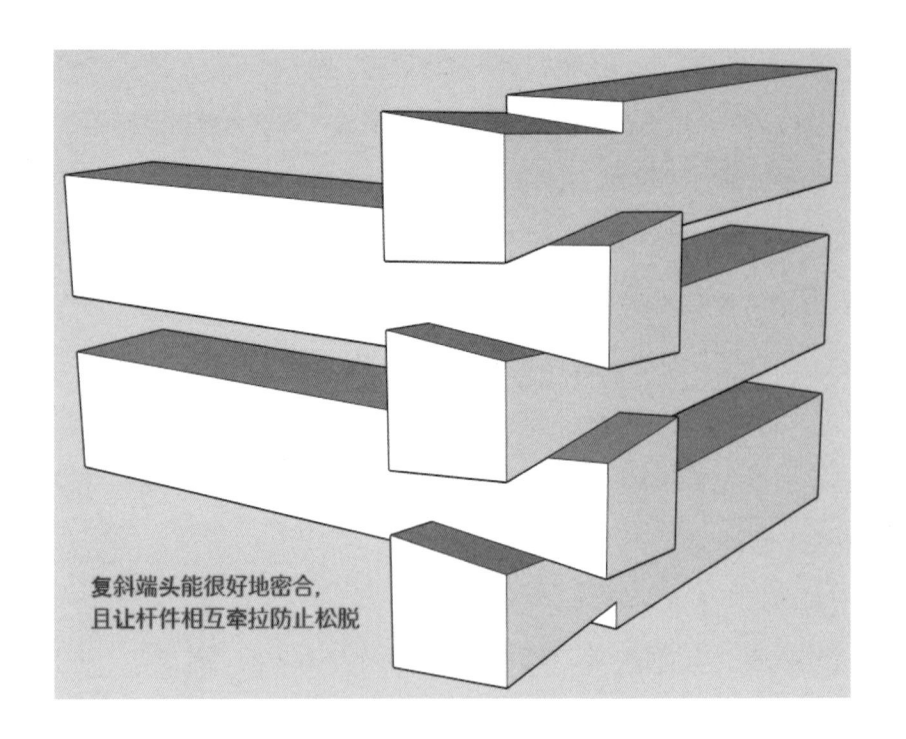

复斜端头能很好地密合，且让杆件相互牵拉防止松脱

到这里，我们就要告一段落了。也许，你还意犹未尽，还有许多疑问，也许你心中想象的结构还是很难顺利地建模和制作。

我想说的是：这一切都很正常！技术发展日新月异，软件和器材的更新也让人应接不暇。这本书的目的，更多的是希望让你知道，目前我们可以沿着什么样的方向去解决问题。所以我们需要不停地学习。而开动脑筋克服困难，就是最好的学习。

任何知识、技能的习得都需要一个琢磨、思考的过程。所谓知易行难就是这个道理。把知识内化成自身的能力，本就不是一时半会儿的事情。

在实际制作过程中，我们会遇到许多意想不到的问题，而篇幅所限，我们很难一一细说。所以，接下来，我也打算就其中某些问题，单独详述，作为我们的升级与进阶。在日常的教学与实践活动中，我们积累了一定的素材，拿出来分享是一件愉快的事情。当然，这需要时间，也需要进一步打磨和整理。让我们一起期待吧！